大展好書　好書大展
品嘗好書　冠群可期

大展好書　好書大展
品嘗好書　冠群可期

獲知覺運動既不知己焉能知人所謂對
抗相對於人也要以粘黏連隨等待於人也

武學古籍新注③

太極法說

——俗稱「三十二目」

二水居士◎校注

大展出版社有限公司

出版人語

武術作為中華民族文化的重要載體，集合了傳統文化中哲學、天文、地理、兵法、中醫、經絡、心理等學科精髓，它對人與自然和諧共生關係的獨到闡釋，它的技擊方法和養生理念，在中華浩如煙海的文化典籍中獨放異彩。

由於受以往「萬般皆下品，惟有讀書高」思想的影響，雖然武術源遠流長，但歷來卻為學術界的主流思想所輕視，縱觀從漢至清的「正史」，武學始終沒能「以武立身」進入其中並佔有一席之地。

在歷代官方文獻中，有關武術技藝和拳理的記載極少，即使是民間資料，清代以前也十分罕見，存留至今的大多是清代的手寫本或抄本，且由於保密或自珍心理的影響，許多武術文獻都屬「秘傳」，以致一般人甚至聞所未聞，更不用說深入研究了；亦有許多武學資料，散落湮沒在各類他種文獻中讓人難識真面。這在中國歷代文化的傳承史上，是一種比較特殊的現象。

有著幾千年傳承積澱的中華武術，能生存並發展到今天，是因其具有很深的中華傳統優秀文化的根脈。傳統武學尊崇的生存理念、修習的武術技能，一方面，從不同的角度和側面反映出中華民族的社會、歷史、政治、經濟、文化、宗教、風俗與心理等；另一方面，它融健身、搏擊、觀賞為一體，是人類文明流動的傳奇。因此，將武術作為文化形態來研究，一方面可使人們對武術自身重新認識，同時更重要的，是為我們從更高層面認識和理解中華傳統文化的精義，提示了若干全新的視角。

然而，我們注意到，那些歷經坎坷倖存到今日的武學資料，有許多被束之高閣難得一見，或正面臨著破損、佚失的窘境，對這些寶貴資料的發掘、研究、整理和保護已迫在眉睫；我們還注意到，至今出版界還沒有一個機構專門從事或介入此項工作。

據不完全統計，新中國成立以來的六十多年間，全國共整理出版古籍近兩萬種，基本沒有武術這個學科的分類，這個現狀應該有所改變。

隨著學術界對中華武學的日益重視，北京科學技術出版社順應國內外研究者對武學典籍的迫切需求，決策組建了「人文‧武術圖書事業部」，旨在推進武術古籍的保護、整理和出版。

依據國家古籍整理出版的有關精神和規定，經過精心挑選並廣泛徵求專家的意見，決定將幾種早已進入武學研究者視野的古籍版本，透過原件影印、點校、注釋等方法加以整理，彙編為「武學古籍新注叢書」，陸續推薦給讀者。本套叢書力求做到傳統與現代並存，內容與形式統一，與以往的武術類出版物有較大的不同。

入選本叢書第一輯的武學典籍初步定為：李亦畬手抄《王宗岳太極拳論》、宋書銘《太極功源流支派論》、《太極法說》（班侯贈全佑本）。此外，《手戰之道》（收入明·沈一貫《搏者張松溪傳》、清·黃宗羲《王征南墓誌銘》、清·黃百家《王征南先生傳》、明·程宗猷《耕餘剩技》、明·俞大猷《劍經輯集》）、《拳經輯集》（收入明·戚繼光《紀效新書》、明·茅元儀輯《武備志》）、明·吳殳《手臂錄》等典籍亦將分輯陸續出版。

以上這幾種古籍，均成書於明、清時期。這個時期，是中國古代武術空前繁榮並且走向成熟的重要時期，主要表現為中國古代武術體系及其總範圍的基本形成與確立、武術流派的形成、武術套路的出現、武術理論的全面發展，等等。因此，這一時期的中國武術，就自然而然地具有了承上啟下的歷史使命：一方面，它是上古武術一脈流傳的集大成者；另一方面，它又是未來武術不容推諉的啟蒙者。

而這一時期優秀的武學著作，也就帶有了這一明顯的時代特徵，深入研究這幾部武學著作，對認識中國傳統武學理論體系有著重要意義，對傳統武術未來的發展走向，亦有一定的規範與指導作用。

本套叢書邀請了國內外著名專家進行點校、注釋和導讀，梳理過程中充分尊重大師原作，由知名專家以規範的要求對原文進行梳理，力求經得起廣大讀者的推敲和時間的考驗，讓讀者放心地學習與珍藏。

希望本套叢書的出版，能夠在武學研究領域起到一定的引領、推動作用，這也是我們北京科學技術出版社人文・武術圖書事業部全體同仁的衷心希望。

太極拳的文化自覺（代序）

凡是牽涉民族核心價值觀的文化現象，總會吸引這個民族的文化精英，一代接一代地探討下去。太極拳文化，從清中葉顯世以來，就一直吸引著文化巨匠們進行著跟蹤研究，留下了諸多光輝燦爛的研究成果。它們是近兩個世紀以來，一些最美好的心靈創造出來的，是我們這些當代人寶貴的精神食糧。作為中華民族的成員，我們手捧這些成果，接受這些遺產，感恩先輩傳承的文化財富，感到非常自豪。

一種嚴肅的、博大的文化現象，在其漫長的歷史過程中，都會經歷由「自在文化走向自覺文化，再走向文化自覺」這樣一個螺旋式的飛躍。當然，這個過程必須要經過一個相當長的理論時期。就像登山的路，如果截其一段，就很難斷定是向上還是向下。只有在一段較長的路徑視野範圍內，我們才能認清它的發展方向。而有了這個方向，今後的路徑就更加明朗、自覺、主動。

毛澤東在《實踐論》中講了一個非常好的哲學命題：感覺到了的東西，我們不能馬上理解它；只有理解了的東西，才能更深刻地感覺它。二水居士花大力氣對太極拳老拳譜的梳理和校釋，就是太極拳的文化自覺。

王宗岳的《太極拳論》，目前所知，是太極拳最早期的理論著作。就其價值而言，實際上已達到「經」的高度。人們理解、消化這一經典，需要相當長的歷史過程。早期，永年武氏三兄弟及其族人，圍繞《太極拳論》所做的著述，可以說是太極拳文化的「自在階段」。

《太極功源流支派論》，繁複雜蕪，多彩紛呈。太極拳文化一旦傳播到更大範圍內，人們便開始爭相把這一文化現象與道家文化相聯繫，與武術各流派相滲透，與民間仙道傳奇相撞擊，從語源學、民俗學、文字學等角度進行形而上、形而下的考證和對比，等於放在華夏文明的大釜裡，放上各種佐料，進行了一次次煎煮晾曬。儘管顏色多元，味道多種，雜蕪不純，但對這一文化成果的烹製，正是太極文化由自在走向自覺的過程。

以楊家老譜《三十二目》為標誌，太極拳文化進入了文化自覺的成熟期。《三十二目》從諸多方面，回答了有關中華民族核心價值觀的一系列重大問題。二水居士將其梳理為「關於核心價值觀——性命之學」「關於人格結構——精氣神」「關於能量的樞紐——命門三焦」「能量轉化的法則——陰陽顛倒」「流行之氣——身形法則」「對待之妙——知覺運動」這六個方面。

二水居士的這個歸納，是浩瀚的太極拳文獻之精華所在，值得反覆品味、消化。有了這六大經典問題的提示，我們才會知道，太極拳從一個農村家族的文化記憶，經過京城皇家文化的浸潤後，產生了怎樣質的飛躍；我們才能瞭解到，太極拳是在什麼樣的理論體系指導下，形成了今天這般氣魄大、形象美的整體風貌；我們才能深刻理解，太極拳受到世界各國人們歡迎的內在原因。

二〇一四年十月，武當山首屆楊式太極拳高峰論壇上，二水居士關於《三十二目》論文的宣講，引起與會代表的強烈反響和一致好評。二水居士的這一研究成果，是當代太極拳文化「自覺」的表現。

除了理論體系的探討之外，作者把太極拳文化的命運和民族的命運放到一起進行考察，揭示了二者息息相關的聯繫。

陳氏拳技被楊露禪從農村帶到京城，正是鴉片戰爭之時，《太極拳論》的發現，也是太平天國的戰火蔓延之時。《三十二目》成稿的一八六八—一八九二年間，中國內憂外患加劇，精神層面的「西學東漸」，帶來整個社會層面的文化侵襲。面對岌岌可危的局面，抱著復興儒學價值觀及禮制綱常偉大理想的人們，把「太極拳」這一武術形式，當做聖人之學，當做承載聖人之道的道器，當做承載華夏文明的火種盒，傳承發展了起來。

近三十年來，在經歷大國復興的同時，我們整個社會的價值體系，也遭到了西方社會思潮前所未有的重創。在民族復興的大旗下，重塑我們中華民族的價值體系，回歸傳統文化，顯得十分急迫和重要。在這一背景下，太極拳作為中華民族核心價值的載體，得到了空前的繁榮。

現代文明的生活方式，是一把雙刃劍，恩惠著人類，也傷害著人類。隨著經濟的繁榮，環境惡化，道德淪喪，無序競爭，人類面臨空前的危險和災難。這時，主張天人合一、以柔克剛、後發先至、相生不害、化對抗為和諧的太極拳，給人類帶來了評判是非、善惡、美醜的新標準，成為人們能感知到的意識形態中充滿正能量的價值觀。這正是當前人類所急需的。所以當今的太極拳，作為中華文明的一張名片，受到世界各民族久別重逢般的歡迎，這真是華夏文明的榮耀和驕傲。

二水居士在導讀中寫到，他「嚴格遵循朱子『讀書，須將心貼在書冊上，逐句逐字，各有著落』之訓，幾個月來，收拾心情，天天與書為伴，枕書而眠，心境專靜純一，然後將自己一顆向學之心，貼在老拳譜的每一字、每一詞、每一句中，跟先賢先聖做心與心的交流」，所以，校釋過程，其實是一次奇妙的學習過程。

整整三個多月裡，聆聽他們掏心掏肺的述說，彷彿徹頭徹尾接受了一次傳統文化的洗禮，簡直就是菩提灌頂。二水居士的研究方法、治學態度和奉獻精神，很值得贊許。他無私地為我們提供了一頓豐盛的文化大餐，我從心裡感激這位年輕的學者。

中國永年國際太極拳聯誼會創會秘書長
中華太極文化國際總部學術指導
翟金錄

導 讀

一、概 說

一百八十年前，永年人楊露禪（編者：「楊露禪」「楊祿禪」兩種叫法都曾存在，為同一人。現多用「楊露禪」），奔走於冀豫間，寒暑數易，間或一返，只為從陳家溝學得一套叫綿拳或叫炮捶的陳家拳。一八四〇年間，楊露禪返回老家，開始在永年城關傳授此拳，當地的士紳子弟紛紛向他拜師學藝。

其中永年望族武氏昆仲三人，特別喜好這門拳藝，於是三人都師從楊露禪學拳。

武家老二，叫武汝清，文才最好，一八四〇年就考上了進士，去刑部做了京官，因為參與審理了當時朝廷的一件打大老虎案，協助清軍將帥薩迎阿，鞫訊時任陝西總督琦善「剿青海番匪」案，以剛正清廉名滿京城，《清史稿》記此事，武汝清晚年被賞了二品的官銜。他在京城期間，念念不忘此拳，後來乾脆將師父楊露禪帶到了京城，留在身邊教拳。

武家老大叫武澄清，他比老二大了四歲，卻晚了整整十二年，於一八五二年才考上進士，初入仕途已經五十二周歲了，最後去舞陽做了縣令。一個偶然的機會，他在舞陽的鹽店裡發現了山右王宗岳的《太極拳論》。

山右，蓋指太行山以西，今山西境內。除此，王宗岳是誰，什麼年代人，生活境況如何，跟誰學了太極拳，他是不是有傳人等，所有資訊都不詳。所以至今，「王宗岳」依然是個謎。武澄清得到王宗岳《太極拳論》後，興奮異常，他跟兩位弟弟講，王宗岳的拳論，與楊露禪教的拳是一個道理，只要好好研讀拳論，寶貝全在裡面了。

老三武河清，沉溺於此拳，或許是無暇他顧吧，在功名上，他也一直考，最後依然只是一個秀才，於是乎，益發壹志於太極拳的研究。他便是日後被武式、郝式、孫式等太極拳界尊為開派立宗一代宗師的武禹襄。

歷史的奇妙之處就在於，武氏昆仲三人，與楊家的楊露禪之間一旦有了關聯性，便開始生發出奇妙的事情。陳家拳就像是從陳家溝販運來的一顆「馬鈴薯」，在王宗岳《太極拳論》這本奇妙的「菜譜」指導下，經過楊露禪與武氏昆仲合作烹製，被烘烤成了料多豐富的**jacket potato**了。從此，原本只是局限於鄉野村落逞一拳一腳之能的陳家拳，開始登臨大雅之堂；從此，這套拳，被冠名為「太極拳」，以太極拳名義「借殼上市」了。

其實，陳家溝的這顆「馬鈴薯」，在我們現在看來，還不算是陳家溝土生土長的，而是由一個叫「蔣把式」的人，將種子販運到了陳家溝。我們繼續研究，發現生長在陳家溝的這顆「馬鈴薯」，其實還經過了品種改良，而改良之人，名叫戚繼光。當年戚繼光在浙東沿海抗倭時，為訓練士兵，在「身法活便，手法便利，腳法輕固，進退得宜」「呂紅八下雖剛，未及綿張短打」「如常山蛇陣法：擊首則尾應，擊尾則首應，擊其身而首尾相應」等原則指導下，綜合了當時所見的數十種武術形式，「擇其拳之善者三十二勢，勢勢相承，遇敵制勝，變化無窮，微妙莫測」，編選了這套拳經。就是這樣一套經過戚繼光選編的「軍體操」，成了太極拳真正的前身。

後來，這顆馬鈴薯被楊露禪以「太極拳」之名，販運到了京城，備受滿清皇宮貴族、達官貴人的青睞；民國年間，又被尊為「國術」，在「強種強國」的召喚下，風靡大江南北。據不完全統計，而今全球有一億五千萬的太極拳愛好者。太極拳，儼然成了中華民族的一張文化名片。

作為非物質文化，太極拳的傳承，像是一檔叫做「拷貝不走樣」的遊戲：十幾人排好隊，一一被隔離開來，主持人拿一張「提示牌」給第一人看，讓他用形體動作來模仿提示牌的文字內容，譬如「吃麵」，第一人只能用肢體語言模仿吃麵的動作，傳達給下一人，然後第二人就只能靠眼睛觀察所看到的動作，心領神會後，再用自己的肢體語言，將意思傳達給下一人（雖然一傳二傳之後，拷貝往往會走樣，甚至面目全非）。在太極拳這場傳承遊戲裡的「提示牌」，無疑便是《太極拳論》。

這張「提示牌」，歷來被視作武林秘笈，「有者甚屬寥寥」「自宜重而珍之，切勿輕以予人」「後世萬不可輕泄傳人」「匪人更不待言矣」「如其可以傳，再口授之秘訣」。

這些稀而彌珍的拳譜，幾經顯微闡幽，彰往察來，傳承者參會自己的體悟，在修煉拳藝的同時，也發展著太極拳理論。自從一八五四年武澄清在舞陽鹽店發現王宗岳《太極拳論》以來，在短短的四五十年間，太極拳理論大體經歷了以下幾個階段。

第一階段為太極拳理論的初創期。這一時期的文論內容，主要圍繞著舞陽某鹽店獲得的王宗岳《太極拳論》相關文字，會參了武禹襄等諸家講論，以兩條脈絡流傳於世：

其一是武禹襄將所得王宗岳拳論，加以釋解後，贈貽楊家，楊家幾代拳學者在此基礎上加以竄益，附錄於楊、吳兩家公開出版的諸家太極拳論著中；

其二是李亦畬得諸武禹襄贈貽的拳譜後，附以「小序及五字訣」等拳學心得，手抄三本，其一贈予其弟李啟軒，其二贈予弟子郝和，其三自存，俗稱「老三本」。其中李啟軒藏本，曾被重編次序後，夾雜他家講論付梓刊行。

此次校釋，則以郝和珍藏本為底本，參校啟軒藏本，並附錄楊健侯贈貽田兆麟的《太極拳譜》為底本，參校徐哲東校核的龔潤田抄本《太極拳譜》，同時參校陳微明、許禹生、武匯川等諸位楊氏拳學者轉輾傳抄的拳譜，以展現這一時期兩脈太極拳譜的風貌。

第二階段為太極拳理論的繁榮時期。這一時期是以《太極功源流支派論》為代表，俗稱「宋氏家傳本」。此階段拳譜，將李亦畬「老三本」中「不知始自何人」的太極拳，一下子與許宣平、李道子、韓拱月、程靈洗、張三豐、仲殊等眾多佛道仙尊發生了關聯。這一時期的拳譜，於拳史源流而論，紛繁蕪雜，或荒誕不經，但卻別具魅力，就像是黃山的雲海，變化萬千，神秘莫測。

看過武俠小說《神雕俠侶》的人一定知道，瀟湘子和尹克西從少林寺藏經閣中盜得一部《九陽真經》，被覺遠大師直追到華山之巔，眼看無法脫身，剛好身邊有隻蒼猿，兩人便割開蒼猿肚腹，將經書藏在其中。《倚天屠龍記》裡覺遠大師臨死前誦念這本經書，張三豐、郭襄和無禪大師聽了後，各自默記了一部分，從此奠定了少林、峨眉、武當三派的內功基礎。

《太極功源流支派論》，正如小說中的《九陽真經》，對後世太極拳研究的影響很大。這一時期的拳譜，多選編在許禹生、李先五、王新午等幾家論著中，較為完整的拳譜，始見於吳圖南的「清初本」、梅墨生抄本以及范愚園抄本。諸本之中，以范愚園本內容最為完善。

此次校釋，選取范愚園抄本為底本，同時參校吳圖南的「清初本」、梅墨生抄本及李先五本、王新午等本，並附錄馬振華家藏《拳譜》、金庸筆下《九陽真經》相關內容，以及所涉佛道仙尊、名號得能稽考者之古籍文獻，探揭其神秘面紗，以期呈現此拳譜獨特之魅力。

第三階段是太極拳理論的巔峰階段。這一時期是以楊家傳抄的太極拳老拳譜（三十二目）為代表，俗稱「三十二目」，此譜部分內容陸續見諸楊澄甫、董英傑、陳炎林、田兆麟、顧留馨、沈壽等相關太極拳圖集中。而以影印本形式全本面世的只有吳公藻藏《太極法說》及楊振基藏「楊澄甫家傳的古典手抄太極拳老拳譜」（簡稱「家藏本」）。

此拳譜，具備自身獨特的拳學理念，且具系統的理論層次，文論內在邏輯嚴密，將太極拳理論從原本的逞一拳一腳之能，昇華為「自天子至於庶人，壹是皆以修身為本」「盡性立命，窮神達化」的性命之學。

此次校釋的《太極法說》，選取楊班侯贈貽全佑的《太極法說》為底本，參校「家藏本」，著重梳理從「老三本」「宋氏家傳本」到「三十二目」拳學術語的演進，梳理拳譜所涉理學思潮的演變，梳理傳統文化對於生命體「人」的認識等，試圖解構內蘊於此譜中系統完備的拳學體系。

校釋以上三階段的太極拳經典老拳譜，嚴格遵循朱熹「讀書須將心貼在書冊上，逐句逐字，各有著落」之訓，幾個月來，收拾心情，天天與書為伴，枕書而眠，心境專靜純一，然後將自己一顆向學之心，貼在老拳譜的每一字、每一詞、每一句中，跟先賢先聖作心與心的交流。且這三階段的老拳譜，各個風格獨具，讀時就如面對三位性情迴異的智慧老人。

第一階段的拳譜，像是一位鄉紳學究，溫恭直諒，信守「知之為知之，不知為不知」的聖訓，不言怪力亂神，其言談舉止，一一皆合乎規矩方圓；而第二階段的老拳譜，則像率直任誕、清俊通脫、出入於儒道之間的智者，言辭雖多怪誕不經，卻又不時閃爍睿哲玄鑒；第三階段的拳譜，則是一位鴻儒博生，學貫中西，融會古今，旁通三教。

所以，校釋過程，其實是一次奇妙的學習過程，整整三個多月裡，聆聽他們掏心掏肺的述說，彷彿徹頭徹尾接受了一次傳統文化的洗禮，簡直就是菩提灌頂。為此，二水願意分別在「武學古籍新注」叢書（第一輯）所收的李亦畬手抄《王宗岳太極拳論》（郝和珍藏）、宋書銘《太極功源流支派論》《太極法說》（班侯贈全佑本）等武學典籍校釋中，從不同側重，將這三位智者介紹給大家。

二、《太極法說》拳學體系探賾

太極拳理論，從第一階段的初始，到第三階段《太極法說》，已發育成為一個拳學體系，且有高屋建瓴的大構架、大思路。筆者以為，解析《太極法說》拳學體系，當為現今太極拳界值得關注的一個重大課題。

㈠概　況

1.版本概述

楊家太極拳老拳譜三十二目（下簡稱「三十二目」）以影印件形式面世

的，目前有兩個版本。

第一個版本是一九八五年十月上海書店據吳公藻香港出版的《吳家太極拳》，影印出版了《太極拳講義》，此影印本封面有吳鑒泉簽名，鈐印「吳愛仁堂」「吳鑒泉章」兩章，並題名《太極法說》；右側，吳公藻硬筆題簽「吳氏家傳太極拳體用全書」，並署名「黎鐸珍藏一九四八」，鈐蓋「吳公藻」「黎鐸之印」「黎鐸」三方印章。封裡，吳公藻又用硬筆書寫「此書，乃先祖吳全佑府君，拜門後，由班侯老師所授。是於端芳親王府內抄本。在我家已一百多年。公藻在童年時，即保存到如今。吳公藻識」五十四字，鈐蓋「吳公藻」印章。

第二個版本是一九九三年三月廣西民族出版社出版楊振基演述、嚴翰秀整理的《楊澄甫式太極拳》第七章「楊澄甫家傳的古典手抄太極拳老拳譜影印」。楊振基先生於一九九二年六月二十日書寫《影印件說明》云：「手抄本太極拳老拳譜三十二目長期在我母親處保存，一九六一年末我要去華北局教拳，母親將此手抄本交與我，由於此本作為自己的內修本也就沒有外傳，今趁出書之機把它公佈，讓廣大愛好太極拳者藉此有新的思索和提高太極拳理論水準，這是我所盼。」

這兩個版本的重要意義，在於以全本影印本形式公開了三十二目。

相關的內容，陸續自一九三一年楊澄甫老師《太極拳使用法》、一九四八年中華書局香港印刷廠出版的董英傑先生《太極拳釋義》、一九四九年一月由國光書局初版發行署名「陳公」的《太極拳刀劍杆散手合編》、一九五三年七月一日田兆麟老師在滬學生為田兆麟老師刊行的《太極拳手冊》、一九六三年顧留馨編著《太極拳研究》附錄五《楊澄甫太極拳老拳譜》選入沈家楨抄自楊澄甫老師處的拳譜以及一九九一年十月一日人民體育出版社初版的沈壽《太極拳譜》點校本等，多有披露。

2.成稿時間考

從上述數本文辭來看，此拳譜文字風格不統一，統稿的思路也有多重線索，成稿時間或許是分作幾個階段，或有數人陸續完善定稿的。但從文中的用詞習慣以及內蘊的理學脈絡來分析，大體還是能夠找出成稿的時間。

現代漢語中有一種非常有趣的現象，那就是「借形」。大凡借形有兩種情況：

其一，古漢語本來有該詞，日本人借去後誤解了或者賦予了新的含義，我們的留學生又從日文中借了回來，譬如「同志」「勞動」「封建」「反對」「博士」「學士」，等等；

其二，日語借用漢語材料構成新詞，我們的留學生們認為比較能夠反映新生事物，因而也直接借用了，譬如「哲學」「共產」「政黨」「支部」「反應」，等等。

倘若將前一種方法稱作「借屍還魂」，那麼後一種便有些「移花接木」的意味了。「太極文武解」中「文者體也，武者用也。文功在武，用於精氣神也，為之體育，武功得文，體於心身也，為之武事。夫文武又有火候之謂，在放卷得其時中，體育之本也……」

「體育」一詞，古漢語中原本沒有，是日本人在翻譯盧梭《愛彌兒》時，採用「移花接木」法，借用漢語材料構造的一個新辭彙。這一辭彙在日本的出現時間為一八六八年，也即日文版盧梭《愛彌兒》出版的時間。從此節拳譜行文來看，「體育」一詞與「武事」相對立，是兩個有著完全不同深意的概念。這一對概念又與中國古典哲學「體」與「用」緊密相連。直接的字面理解是：「文」這一「體」，在「精氣神」上的「用」，謂之「體育」；「武」這一「用」，在「心身」上的「體」，謂之「武事」。

暫且不管拳論刻意將這兩個概念加以區分，企圖說明什麼，有一點，我們是顯而易見的，那就是，拳譜中的「體育」二字告訴了我們一個資訊：「三十二目」的成稿時間不會早於一八六八年。

我們再來對照一下楊氏太極拳創始人楊露禪教拳生涯。

一八四〇年，楊露禪從陳長興學拳畢，在永年設館傳授「綿拳」，武禹襄等開始從學。可見，此時的楊露禪所傳授的還不叫「太極拳」，理應不可能有系統的「太極拳譜」了。

一八五四年，武澄清於舞陽鹽店得王宗岳《太極拳論》，贈予其弟武禹襄，近代之太極拳，始得以太極拳名。

一八六六年，楊露禪經武汝清舉薦到北京教拳，清朝王公貝勒從學者頗多，後任旗營武術教師。此時的楊露禪，應該知道了「太極拳」其名，而且也有了王宗岳《太極拳論》在手。所以，北京出現太極拳的時間，為一八六六年。

署名「聖揆」原載一九三八年二月一日《體育月刊》第五卷第二期的《記北京太極拳之起原》一文云：「當西曆一八六六年—一八六七年，即前清同治五六年間，敦王派侍衛赴直隸省廣平府永年縣，取莊地地租。聞當地太極拳專家楊班侯先生精太極拳，善發人於數丈外，奇而晤之，邀請來京，以資請業」，也能佐證其事。

據李瑞東後人所存《王蘭亭序》記載，蘭亭於清同治戊辰（一八六八年）「至東都門拜在楊祿禪先師門下，受教七載」，而從王蘭亭傳承的後世拳學者中，僅見馬振華藏本中的《太極功源流支派論》相關文字，尚未發現有系統的「三十二目」。此也可證王蘭亭等從其學時，楊家尚未形成系統的「三十二目」拳譜，這也反過來能說明，在日本出現「體育」一詞的一八六八年前，「三十二目」尚未成稿。

一八七二年楊露禪去世，一八九二年楊班侯去世。在楊家兩位大師去世前，三十二目理應已經成稿。從《太極法說》全佑傳吳鑒泉，再傳吳公藻有序的傳承來分析，綜合吳公藻扉頁題簽：「此書，乃先祖吳全佑府君，拜門後，由班侯老師所授。是於端芳親王府內抄本。在我家已一百多年。公藻在童年時，即保存到如今」云云，「端芳親王府」顯然是口耳誤傳所致，「聖揆」所稱的「敦王」是否係惇親王之誤，也待考。

惇親王係道光第五子奕誴。奕誴之次子載漪，過繼給瑞郡王奕誌為子，娶慈禧侄女為妻，深得慈禧的佞幸。光緒二十年，慈禧進封其為瑞郡王，因奏摺中筆誤，誤「瑞」作「端」，於是將錯就錯，改稱「端郡王」。時年，係西元一八九四年，楊班侯已過世兩年。由此可見，楊家楊露禪、楊班侯父子，也無緣得見這位端王。

《武魂》二〇〇五年第二期刊發據張耀忠整理的馬岳梁一段太極拳源流的講話稿，稱武汝清受「六爺」石貝勒之請，邀楊露禪赴京授拳。「六爺」石貝勒，是否係道光帝第六子「鬼子六」奕訢，也待考。但無論如何，「三十二目」成稿時間應該在一八六八到一八九二這二十餘年間，這一點可以確證下來。

從三十二目文辭所透露的理學思想來分析，表面上嚴格遵循程朱「以理為氣之主宰」的思想，而骨子裡又透出「致良知」「知行合一」的陸王心學，且以戴東原的「知覺運動」，來為「躬行踐履」，找到切身體悟的理論基礎。這與清季理學大家蒙古正紅旗人倭仁（一八〇四——一八七一年）的理學觀點極其吻合。

倭仁的「存誠以養未發之中，謹幾以驗已發之和，此日用切要工夫」，這一「誠」字，契合於一身之日用切要之中，處處去體悟「未發」「已發」之「中」之「和」，為太極拳之後演進為儒學者修養性情的日用功夫，提供了堅實的理論基石。倭仁贊同宋儒葉仲圭的觀點，以為「太極在人心為喜怒哀樂未發之中」，「未發」性之本體，「已發」是感物而動。

另外，宋明理學諸家，極其忌諱而擯斥老佛二氏之學，朱熹提出「老佛之徒出，則彌近理，而大亂真矣」，表明「老佛」已經成了朱熹心頭之患。陽明心學以「良知」來包裝陸象山的「心」，並藉此來構築他的「心學」大廈，他的「明心反本」，直接讓儒學者走上了佛學的「明心見性」之路。明季儒學者崇尚心學，或作「無善無惡」的「良知」說，或作「事事無礙」的「率性」說，或作「無所不為」「隨類現身」的「方便」說，王船山、顧炎武等人直接將明亡之責，歸咎為陽明心學。

值得玩味的是，朱熹力闢老佛之說，而在戴東原看來，朱熹的觀點依然脫離不了老莊佛學的影子，他批駁朱熹「老莊釋氏尊其神為超乎陰陽氣化」，而朱熹則是「尊理為超乎陰陽氣化」，朱熹「以理為氣之主宰，如彼以神為氣之主宰也；以理能生氣，如彼以神能生氣也」。

此譜的「三教無兩家」與後文的「予知三教歸一之理，皆性命學也」「三教三乘之原，不出一太極。願後學，以易理格致於身中，留於後世也可」，等等，顯然已經沒有了清初王船山、顧炎武輩的亡國之切膚，也沒有戴東原此般尖利刻薄。

這一點，顯然也是在受了倭仁「佛老之學已經先儒闢斥，何必嘵嘵再辨」「學以當務為急，那有工夫管此閒事」的思想影響。

對倭仁肅然起敬的曾國藩，更是從「格物」「誠意」兩處致功努力，以「身」「心」處處，一句一行，切己體察，窮究其理。「吾心，物也；究其存心之理，又博究其省察涵養以存心之理，即格物也。吾身，物也；究其敬身之理，又博究其立齊坐屍以敬身之理，即格物也」，倭仁、曾國藩的這些立身切要功夫，對其時及此後京城士大夫階層的影響力，無疑對太極拳從拳腳之能擢升為性命之學，起到了至關重要的作用。

3. 拳譜的結構

吳楊兩本影印本，目錄下皆稱「共三十二目」，正文皆另有「太極空結挫揉論」「懂勁先後論」「尺寸分毫在懂勁後論」「太極指掌捶手解」「口授穴之存亡論」「張三豐承留」「口授張三豐老師之言」「張三豐以武事得道論」八篇。習慣上，人們將這八篇與原三十二目相加，合稱為四十目。二水以為，這種簡單的數字相加，未必能說明道理。

「目」的原義，是指羅網中網格狀的網眼。而織成網眼的各類絲緒，謂之「紀」。「綱」，則是提挈羅網的總纜繩。羅網之有綱紀，綱舉則紀不亂，而萬目俱張。而反過來說，羅網之綱目，都是由各類絲緒編就的。那麼，三十二目裡，綱是什麼？紀又是什麼？只有理順了三十二目的綱，分清了三十二目的紀，才能「舉一綱而萬目張，解一卷而眾篇明」。

總攬整部三十二目的總綱是「張三豐承留」「口授張三豐老師之言」「張三豐以武事得道論」三篇。

「八門五步」「八門五步用功法」「固有分明法」「粘黏連隨」「頂匾丟抗」「對待無病」「對待用功法守中土」「身形腰頂」「太極圈」「太極進退不已功」「太極上下名天地」「太極人盤八字歌」十二目，是自成完整的羅網體系。

「太極體用解」「太極文武解」「太極懂勁解」「八五十三勢長拳解」「太極陰陽顛倒解」「人身太極解」「太極分文武三成解」「太極下乘武事解」「太極正功解」「太極輕重浮沉解」「太極四隅解」「太極平準腰頂解」，此十二目，皆以「解」名。解者，從刀判牛角。意思是說，此十二目是對前十二目所涉及諸多概念，做進一步釋詁與條陳縷析。

「太極四時五氣解圖」「太極血氣根本解」「太極力氣解」「太極尺寸分

毫解」「太極膜脈筋穴解」「太極字字解」「太極節拿抓閉尺寸分毫解（辨）」「太極補助（瀉）氣力解」，此八目，從「人身一太極」角度，進一步對「太極下乘武事」，做詳細的闡幽明微。

而「太極空結挫揉論」「懂勁先後論」「尺寸分毫在懂勁後論」「太極指掌捶手解」「口授穴之存亡論」等五目，皆以「論」名，也不在目錄的三十二目之列，疑係三十二目成文之後，另行補織的網眼。此五論，雖是對前三十二目的進一步補充，但相對而言，內容較雜亂，且有資料堆砌的現象，文意也不具系統性。

接下來，我們來談談編織三十二目的各類絲緒。

㈡理論體系探賾

1.核心價值觀：性命之學

總綱「張三豐以武事得道論」，雖托偽張三豐之論，實則採信了「來瞿唐先生圓圖」所附之釋義「流行者氣，主宰者理，對待者數」，從理、氣、數角度，來闡述天道人事，之後，直接將話題指向了最為本源的哲學命題：「我是誰？我從哪裡來？我到哪裡去？」

根據達爾文的進化論，猴子從樹上跳下來，學會了直立，學會了使用工具，就逐漸變成了人。這一觀點雖然推翻了上帝造人說，卻也一直被後世人類學家所詬病。

原因是：倘若人是由猴子變來的，那麼，這一物種的進化過程，一定是非常漫長，而且一定是參差不齊的。不可能一夜之間，像孫猴子拔下一把猴毛，輕輕一吹，就齊刷刷地全變成了人！倘若人果真是從猿猴進化而來的，那麼這個世界上是否還存在正在進化為人的猿猴呢？可惜，幾百年來，人類上天入地，都沒發現正在進化中的「類人猿」的存在，就連化石都沒找到。而早期西方傳教士，常常搓手成泥，告訴黑頭髮黃皮膚的國人：人，都是藍眼睛白皮膚高鼻梁的上帝用泥造出來的。

中國古人，從來都不相信藍眼睛的上帝能造出黃皮膚黑眼睛的中國人來，更不相信猴子跳下樹來就能變成人。

「張三豐以武事得道論」云：「故乾坤為大父母，先天也；爹娘為小父母，後天也。得陰陽先後天之氣，以降生身，則為人之初也」「前天地者，曰理；後天地者，曰母」「理，化先天陰陽氣數；母，生後天胎卵濕化」。

生命，就像是一顆豆，後天的胎卵濕化，譬如孩子十月懷胎，瓜熟蒂落，呱呱落地之時就開始稟受天地大父母的「命性賦理」，就像豆皮裡的豆瓣與胚芽，開始萌發新生命之芽了。

《黃帝內經》認為，腎藏精。人的兩腎就像兩瓣豆瓣，先天至精，一炁氤氳，謂之命。而「命門」，乃人身之君，乃一身之太極，兩腎之中是其安宅。就像萌動新芽的豆苗，元始真如，一靈炯炯，謂之性。一炁氤氳，得一靈炯炯，彷彿性命之燈，剎那間被點亮了。

明白了人之生，總綱也非常智慧地直面了人之死：「夫欲尋去處，先知來處。來有門，去有路，良有以也。」人死後去了哪裡？那得先知道您是從哪裡來的；既然知道是從哪扇門進來的，也自然應該知道，得從哪扇門出去。「良有以也」，世事萬物，大凡就是這種原委啊。

接下來，又強調說：「可知來處之源，必能去處之委。來源去處既知，能必明身不（之）修」。既然知道了死生原委，那麼一定也該明白「修身」之要了。人人都懼怕死亡，幾乎所有宗教，都是以眾生得離死亡的巨大威脅為感召。即便是「不打妄語」的佛教，原本宣導不垢不淨、不生不滅的「涅槃」，之後也以「西方極樂」，來感召深受「生老病死」之苦的眾生。

「張三豐承留」所宣導的「人心惟危，道心惟微，惟精惟一，允執厥中」十六字心法，彷彿華夏文明的炯炯靈性，像是點亮華夏文明的火種盒。以天地乾坤為大父母，以伏羲為人祖，堯舜禪讓，燈火相繼，我們的先祖之所以能直面生死，在於他們內心深處另有「延年藥在身」，在於他們內心深諳「死而不朽」「元善從復始」之道。

《左傳・襄公二十四年》載魯國叔孫豹如晉，晉國執掌國政的中軍將范宣子向叔孫豹請教「死而不朽」事。

襄公二十四年，應該是西元前五四九年，距今二千五百多年前，山東的士大夫叔孫豹去山西訪問。時任山西中軍將的范宣子，是個官二代、富二代，出生於名宦大將之家，世代為官，他剛剛繼任中軍將，執掌國政，自然是春風得意。他在歡迎叔孫豹的宴席上就躊躇滿志地問叔孫豹一個問題：「死而不朽是什麼意思呢？」

叔孫豹一時沒理解范宣子問話的真實意圖，沒有搭理他。范宣子緊接著解釋說：「譬如我們范家，自從虞舜時代，歷經夏商周，我們祖祖輩輩都是執掌山西的國政。死而不朽，說的就是我們范家吧？」叔孫豹終於明白，范宣子一路迎候，設紅毯，擺國宴，原來是想藉此炫耀家族的榮光。

這位山東的士大夫謙謙地說：「據我所知，你們范家，世澤綿長，這叫世祿。我們山東有位先大夫叫臧文仲，死了很久了，他的話我們依然記得，這叫死而不朽。他說：大上有立德，其次有立功，其次有立言。雖久不廢，此之謂不朽。」

意思是說，這個世界上，人人都會死的，只有三種情形，是死而不朽的。首先是立德，其次有立功，其次有立言。富二代也好，官二代也罷，只是保一族榮耀，子孫蔭澤，這只能叫世祿，不能稱不朽。

而這三種「死而不朽」的情形，並非所有人都能做得到的。「口授張三豐老師之言」稱，只有「大而化之者，聖神也」「大成文武聖神」「聖神之境」者，才能死而不朽。而「先覺者得其環中，超乎象外，後學者以效先覺者所知能」，「以體育修身進之」，以「手舞足蹈」的採戰之術，結合自身拳架套路訓練的陰陽採戰與兩人推手訓練的兩男對待採戰（可證其時尚未出現男女之間的推手訓練），「自天子至於庶人，壹是皆以修身為本」，「能如是，表裡精粗無不到，豁然貫通，希賢希聖之功，自臻於曰睿曰智，乃聖乃神，所謂盡性立命，窮神達化在茲矣」。

此時，太極拳正為凡夫俗子指明了一條人人皆能希賢希聖，人人皆能曰睿曰智，進而盡性立命，階及神明之路。「無論智愚賢否，固有知能，皆可以之進道」。

2. 人格結構：精氣神

「太極體用解」云：「理為精氣神之體，精氣神為身之體。身為心之用，勁力為身之用。心身有一定之主宰者，理也。精氣神有一定之主宰者，意誠也。」

「太極文武解」云：「文者，體也；武者，用也。文功在武，用於精氣神也，為之體育；武功得文，體於心身也，為之武事。」精、氣、神，用於身，體於心，用於理，體於意誠，潛移默化於每一位中國人的身心之間，構成了傳統中國人的獨特的人格結構。

气，由「炁」與「氣」簡化而來。炁，上面是旡（無），下面四點為火，意思是一種無形的看不見的能量。

《性命圭旨》認為，人十月懷胎，得自父母的祖炁為二十四銖，相當於舊制的一兩。而一旦呱呱落地，來到世界上的一剎那間，彷彿手機接通了雲端的存儲，立刻開始下載來自天地的正炁。天地正炁合計為三百六十銖，合舊制十五兩。兩者相合為老秤一斤。

《性命圭旨》對來自父母的能量稱作「祖炁」，貌似現代科學所稱的基因，而「盜」得天地的「正炁」，更像是「死而不朽」的文武聖神，他們代代上傳到雲端的各類軟體。這是華夏文明代代承繼的正能量。「祖炁」與「正炁」，構成了人之初最為基本的先天元炁，也是人與動物最為根本的區別之所在。就像是手機，這是「人」牌手機的初始設置。

氣，水穀入胃，化生氣血。營氣以和調五臟，灑陳六腑，內壯肉膜絡，外壯骨筋脈。衛氣以溫分肉，充皮膚，肥腠理，司開合，像是手機的防毒軟體，抵禦外邪侵入。先天之炁與後天之氣，構成了人格結構中維持「身心」日常運作的行為態勢與基本面貌。

先天至精，一炁氤氳的賦命，構成人格結構中最為本原的元精。人生之初，赤子混沌，這元精著於祖竅，晝居二目，而藏於泥丸，夜潛兩腎，而蓄於丹鼎。

《黃帝內經》云：「女子七歲，腎氣盛，齒更髮長……丈夫……二八，腎氣盛，天癸至，精氣益瀉……八八，則齒髮去。腎者主水，受五臟六腑之精而藏之，故五藏盛，乃能瀉」「夫精者，身之本也」「腎者，主蟄，封藏之本，精之處也」「人始生，先成精，精成而腦髓生，骨為幹，脈為營，筋為剛，肉為牆，皮膚堅而髮毛長，穀入於胃，脈道以通，血氣乃行」。

五臟六腑在先天之氣與後天之氣的共同作用下，也逐漸生化成精，這些後天之精與先天的至精，構成了人格結構中司生殖、化生天癸、主齒髮筋骨、宣發七情六慾的生生不息的生理能量。《黃帝內經》說：「並精而出入者謂之魄」，這些生理能量作用於身心，又直接與七魄相關聯。

原始真如，一靈炯炯的理性，構成了人格結構中最為基本的元神。《黃帝內經》說：「兩精相搏謂之神」，先天之精與後天之精的相互作用，生化成後天之神。先天的元神，與後天兩精相搏而生成的神，構成了人格結構中與天地之理相貫通，以天地之理為法則，制約引導精氣運行的心理能量。人的心理能量，作用於身心，由「任物」到「處物」乃至「應物」，是一個逐漸完善、逐漸遞進的過程。「所以任物者謂之心，心有所憶謂之意，意之所存謂之志，因志而存變謂之思，因思而遠慕謂之慮，因慮而處物謂之智。」

太極拳的「應物自然」的至高境界，不是一蹴而就的，一定是在不斷的拳架、推手訓練過程中，由任到憶，由憶到存，因志而存變，因思而遠慕，由審識處物以臻隨感而應，應物無方。

這一過程中，「心」這款軟體的升級，又必須是在「身」的不斷修煉中得以完成。「隨神往來者謂之魂」，先天元神與後天之神相互作用於身心，又直接與三魂相關聯。

精能化氣，氣能化神，神能還虛，三者又相互制約、相互提升，散發出中華文明特有的人格魅力。優秀的人格結構，應該是煉魂制魄，懲忿窒慾，降龍伏虎，戒嗔戒色，煉情歸性，是故，聖人以魂運魄。

而常人的人格結構中，煩惱妄想，擾苦身心，流浪生死，常沉苦海，永失真道，是故，眾人以魄攝魂。

「人身太極解」云：「此言口、目、鼻、舌、神、意使之六合，以破六欲也，此內也；手、足、肩、膝、肘、胯亦使六合，以正六道也，此外也。」太極拳解決了通過「心」的內六合，「以破六欲」，「身」的外六合，「以正六道」的這樣一種身心合煉的方式，旨在完善人格結構中以魂運魄的功能。

3. 能量的樞紐：命門三焦

精氣神的人格結構中，「氣」，是每個人在各個不同的階段，即時所呈現的某種生存態勢，這一態勢，由內而外，代表過去、今天、將來一個時間段的形態與趨勢；「精」，則是維繫人生存的一種生理能量，是呈現每個人不同生存態勢的基本能量；「神」，則是提升生存態勢的一種心理能量，同時也能排遺「精」這種生理能量，在其轉化過程中所積累的各類負能量（心理熵），諸如喜、怒、憂、思、悲、恐、驚給人所帶來的負面影響。精氣神三者構成的人格結構，構成了生物能、生理能、心理能之間相互的轉化和制約。

人，汲取天地間各類生物能量，透過口腔、腸胃、臟腑各個器官的轉化，讓由生物能量轉化成的「水穀之氣」，生化為諸類生理能量、心理能量，這期間，需要有一個綜合的能量輸送、生化、排泄、轉換系統。

《黃帝內經・素問・六節藏象論》說：「脾、胃、大腸、小腸、三焦、膀胱者，倉廩之本，營之居也。」五臟中的脾與六腑中的胃、大腸、小腸、三焦、膀胱，擔綱起了這一功能。

而五臟六腑中，尤其值得一提的是六腑中的三焦。焦者，從雧，從火。《說文》云：火所傷也。燻烤之意。引申為一種能量。西學東漸後，將西方物理學中的能量和機械功的衍生單位翻譯為「焦耳」或「焦」，也是因為「焦」本身所具有的能量概念。

《難經》云：「三焦者，水穀之道路，氣之所終始也。」但是，三焦究竟是什麼？在哪裡？現代西方醫學一直找不著三焦之所在，就像西方醫學找不到傳統醫學經絡之所在一樣。

李時珍《本草綱目》卷三十之胡桃云：「三焦者，元氣之別使；命門者，三焦之本原。蓋一原一委也。命門指所居之府而名，為藏精繫胞之物。三焦指分治之部而名，為出納腐熟之司。蓋一以體名，一以用名。其體非脂非肉，白膜裹之，在七節之旁，兩腎之間，二系著脊，下通二腎，上通心肺，貫屬於腦，為生命之原，相火之主，精氣之府。人物皆有之，生人生物，皆由此出。《靈樞・本臟論》已著其厚薄緩結之狀。」

從《黃帝內經》一直到後世的《類經》，命門所指，沒有定論。傳統中醫限於解剖學的落後，李時珍說命門「其體非脂非肉，白膜裹之」云云，自然不足採信。但李時珍將三焦與命門合二為一，一原一委，一體一用，上通心肺，下通二腎，「藏精繫胞」「出納腐熟」「為生命之原，相火之主，精氣之府」

等等概念，對後期趙獻可、張景岳創立「命門學說」影響巨大。

同時，李時珍在《本草綱目》卷三十四辛夷中則說：「鼻氣通於天。天者，頭也、肺也……腦為元神之府，而鼻為命門之竅……」他認為，命門在兩腎之間，它的竅位是鼻子。

傳統中醫認為：目為肝竅，口為脾竅，耳為腎竅，舌為心竅，鼻為肺竅。李時珍將兩鼻孔看作命門之竅。竅者，空也。這為「命門三焦」這個能量轉換系統，找到了關鍵的出口，就像鍋爐的煙囪一樣。人在呼吸之時，鼻竇為命門之竅，顯然比鼻為肺之竅，對膈膜的沉降要求也更高。而這一要求，也決定了只有逆腹式呼吸，才能讓呼吸更為深入綿長。

由此可見，李時珍的命門與三焦一體一用，鼻竇為命門之竅的理論，為能量轉換的陰陽顛倒法則，提供了理論基礎。

三十二目分別在「人身太極解」「太極平準腰頂解」兩目，都出現「兩命門」一詞。

「人身太極解」云：「顱丁火，地閣承漿水，左耳金，右耳木，兩命門也，茲為外也」，結合上文的臟腑內五行，此節講的是人體頭部的外五行。所以，此節「兩命門也」句，應該是有衍文的。二水以為，完整的語句應該是：「鼻竇，兩命門，土也。」此觀點顯然是採納了李時珍「鼻為命門之竅」之論，一改傳統中醫理論「肺主鼻，在竅為鼻」的觀點。

「太極平準腰頂解」後半段，通常被句讀成「車輪兩命門，一纛搖又轉。心令氣旗使，自然隨我便……」五言二十句的打油詩，而此節在田兆麟老師刊行的《太極拳手冊》中，被句讀作「車輪兩，命門一，纛搖又轉，心令氣旗，使自然，隨我便……」這一句讀，也可以從陳炎林《太極拳刀劍杆散手合編》一書得以證實。此書「太極拳之腰腿」一節中云：「太極拳老譜中云：『車輪輪，命門一，纛搖有轉，心令氣旗，使自然隨我便，滿身輕利者，金剛羅漢練』，可見命門之重要也。」此中「車輪輪」，當係「車輪兩」之誤寫。

我們僅僅從一門強身健體的功法角度，來考量傳統健身方式的演進，從

《易筋經》的揉腹到太極拳的知覺運動，無疑是一個質的飛躍。而這一飛躍的關鍵之處就是，人們的關注點開始從原先側重腹部的「玉環穴」，轉移到腰部的「命門」了。

由此可見，李時珍的命門與三焦一體一用，鼻竇為命門之竅的理論，為讓純粹內壯的氣功，得以巧妙地與武術形態相結合創造了理論基礎；也讓坐式、臥式的小周天功法，演進為任督統領、蹻維相聯的大周天功法；在此基礎上，逐漸將純粹強身健體的運動形式，演進為以「知覺運動」為核心訓練體系的，身心合一、性命雙修的人格完善體系。「十三勢行工歌訣」之「命意源頭在腰隙」「刻刻留意在腰間」，不管是「腰隙」還是「腰間」，無不在強調太極拳中命門三焦的重要。

4. 能量轉化的法則：陰陽顛倒

來知德《周易集注》篇首易經雜說諸圖，首列自己繪製的「來瞿唐先生圓圖」，並附釋義云：「流行者氣，主宰者理，對待者數。」他說：「伏羲之圖，易之對待，文王之圖，易之流行。而德（來知德）之圖，不立文字，以天地間理、氣、象、數不過如此，此兼對待、流行、主宰之理，而圖之也。」「伏羲之易，易之數也，對待不移者也」「文王之易，易之氣也，流行不已也」「有對待，其氣運必流行而不已。有流行，其象數必對待而不移」。

日月為易。太陽對宇宙天地的影響力，往往是以「風」的形式發揮作用的；而月亮對宇宙天地的影響力，往往是以「水」的形式發揮作用的。傳統文化的「風水」，其實是探究日月陰陽對於宇宙天地的影響力。流者，水行也。行者，氣的流動形態。

拳勢之中，身軀手足有形的動作形態，和與之相關聯的無形的周遭空氣之間協同作用，構成了「流行者氣」，就像在游泳池裡一樣，我們在行拳走架中，須要悉心去「知」、去「覺」肢體百骸在周遭空氣中的浮力。聽言則對，主動應答謂之對；坐而待之，被動應答謂之待。「對待無病」一目云：「所謂對待者，不以頂匾丟抗相對於人也，要以粘黏連隨等待於人也」，兩人推手，

「彼不動己不動，彼微動，己先動」，講透對待之理。

三十二目以來知德兼對待流行主宰之理作為基本的指導思想，來闡發太極之理，以文王之易、一氣流行來解釋拳勢的變化；以伏羲之易、象數的對待來解釋兩人推手時的尺寸分毫；並進一步一本「有對待，其氣運必流行而不已。有流行，其象數必對待而不移」之理，一反劉宋三峰之採戰邪說，將房中御女之術，昇華為太極拳中陰陽顛倒內丹補濟功法。這比《易筋經》主張的「人緣未了」「功成物壯，鏖戰勝人」「設欲鏖戰，則閉氣存神，按隊行兵，自能無敵」，也有了更進一步的提升。

《張三豐全集》雜說正訛篇有云：「三峰採戰之說，多為丹經所鄙，……行御女之術者，是猶披麻救火，飛蛾撲燈」，同書「無根樹詞注解」之「順為凡，逆為仙，只在中間顛倒顛」句，劉悟元注云：「順則為凡，逆則為仙，所爭者在中間顛倒耳。這個中字，其理最深，其事最密，非中外之中，非一身上下之中。乃陰陽交感之中，無形無象，號為天地根、陰陽竅、生殺舍、元牝門，人生在此，人死在此，為聖為賢在此，作人作獸亦在此。修道者能於此處立定腳跟，逆而運之，顛倒之間，災變為福，刑化為德。」

無論是儒家的「存心養性」、道家的「修心煉性」還是釋家的「明心見性」，其實都是在強調本體之「中」的重要性。

儒家「人心惟危，道心惟微，惟精惟一，允執厥中」，強調的就是「執中」。道家從老子《道德經》的「天地之間，其猶橐籥乎？虛而不屈，動而俞出。多言數窮，不如守中」，到《莊子・齊物論》的「是亦彼也，彼亦是也……樞始得其環中，以應無窮」，側重的是「守中」。而釋家的「色即是空，空即是色」「五蘊皆空」，強調的是本體之「中」，洞然而空的「空中」。

本體之「中」，只有在明確了命門與三焦一原一委、一體一用之後，才能真切理解命門「為陰陽之宅，為精氣之海，為死生之竇」，也才能將「執中」「守中」「空中」一一落到本體的實處，而非僅僅只是理論層面的說辭。

人直立行走，區別於四肢爬行的動物，命門所處的「七節之旁，兩腎之間」，在人成年之後，通常是處在凹陷的狀態，只有透過「含胸拔背」「收腹斂臀」，才能將命門處原本凹陷的位置凸顯出來。由呼吸的配合，人在吸氣時，「拔背」與「斂臀」，旨在將大椎上下對拉，節節拔長。

與此同時，由「含胸」與「收腹」，隨著吸氣肌（膈肌與肋間外肌）收縮，胸膈隆起的中心下移，從而增大胸腔的上下徑，使得胸腔和肺容積增大。而呼氣時，只是由膈肌和肋間外肌舒張的結果，肺依靠本身的回縮力量，而得以回位，並牽引胸廓縮小，恢復吸氣開始的位置。一吸一呼，一捲一放，一蓄一發，一合一開，一入一出，隨著命門所處位置的上下向、左右向的一張一弛，完成了對於「心火」「腎水」的一降一伏。

「太極文武解」云：「夫文武尤有火候之謂，在放捲得其時中，體育之本也；文武使於對待之際，在蓄發適當其可者，武事之根也」，此謂陰陽顛倒之理。「太極陰陽顛倒解」更為詳實地描述了「降龍伏虎」的過程：「如火炎上，水潤下者，水能使火在下，而用水在上，則為顛倒。然非有法治之，則不得矣。譬如水入鼎內，而置火之上，鼎中之水，得火以燃之，不但水不能下潤，藉火氣，水必有溫時。火雖炎上，得鼎以隔之，是為有極之地，不使炎上之火無止息，亦不使潤下之水永滲漏。此所為水火既濟之理也，顛倒之理也。」

《性命圭旨》的「火候崇正圖」注：「真橐，真鼎爐，無中有，有中無，火候足，莫傷丹，天地靈，造化慳。」丘處機云：「真火者，我之神也，而與天地之神，虛空之神，同其神也。真候者，我之息也，而與天地之息，虛空之息，同其息也。」

吸氣時腰背拔伸而不變形，而胸腹內陷，呼氣時復原，此時的一吸一呼，猶如一隻一半由竹片木板、一半由牛皮製成的風箱，「天地之間，其猶橐籥乎？虛而不屈，動而俞出」，人生的小天地，所謂的橐籥，所謂的鼎爐，所謂的火候，所謂的刀圭金丹，無非只是透過調息，鍛鍊與神往來的魂和並精出入的魄。聚精會神，火候神息之後，才能讓原本隨時有可能魂飛魄散的「心」打包，上傳在雲端，之後，當「身」這台電腦硬體徹底壞了，軀體腐朽之後，新的電腦硬體能夠因緣際會，再從雲端下載那顆不朽的「心」。

這才能與天地、與虛空同神同息了；這才是叔孫豹所謂的「死而不朽」；這才是孟子所謂的衝塞天地的浩然之氣；這便是仙道的本體虛空，超出三界；這便是佛學的不垢不淨，不生不滅；這才是「執中」「守中」「空中」；這才是太極拳最為崇高的定位。

徐哲東先生《太極拳發微》之伏氣一節，參透了槖籥神息之論，並且將太極拳的命門修煉方法落到了可操作層面，摘錄如下：「伏氣之法，樞鍵在腰。何以言之？以腰肌之弛張，可使膈膜為升降。腰肌張，則膈膜降而為吸；腰肌弛，則膈膜升而為呼。將欲息之出入深細，在膈膜之升降與肺之弛張相應……此和順形氣之法也。惟胸肌與腰肌弛張能相調適，則胸腹之間，一闔一閉，自爾和順……及夫浸習浸和，息之出入，浸斂浸微，遂若外忘其形，而一於氣，內忘其氣，而合於志。志者，意之致一者也。及其和順之至，志亦如忘，但覺融融泄泄，若將飄搖輕舉然，夫是之謂能化。」

由此可見，一旦離開了命門三焦「放捲得其時中」的本體之「中」，採戰之術，難免「猶披麻救火、飛蛾撲燈」「作人作獸亦在此」焉。而守得此「陰陽交感之中」，「文武使於對待之際，在蓄發適當其可」，誠如「太極懂勁解」所言：「自己懂勁，階及神明，為之文成。而後採戰，身中之陰，七十有二，無時不然。陽得其陰，水火既濟，乾坤交泰，性命葆真矣」。

「口授張三豐老師之言」以張三豐口述的語氣，語重心長地闡述了太極拳陰陽採戰之理，並將一個人的行功走架，與兩個人的推手訓練，在陰陽補瀉上做了進一步的說明：「前輩大成文武聖神，授人以體育修身進之，不以武事修身。傳之至予，得之手舞足蹈之採戰，借其身之陰以補助之陽。身之陽男也，身之陰女也。然皆於身中矣。男之身只一陽，男全體皆陰。女以一陽採戰全體之陰女，故云一陽復始。」

「所謂自身之天地以扶助之，是為陰陽採戰也。如此者，是男子之身皆屬陰，而採自身之陰，戰己身之女，不如兩男之陰陽對待修身速也。」

「今夫兩男之對待採戰，於己身之採戰，其理不二。己身亦遇對待之數，則為採戰也，是為汞鉛也。於人對戰，坎離之陰，陽兌震，陽戰陰也，為之四正。乾坤之陰，陽艮巽，陰戰陽也，為之四隅。此八卦也，為之八門。身足位列中土，進步之陽以戰之，退步之陰以採之，左顧之陽以採之，右盼之陰以戰之。此五行也，為之五步。共為八門五步也。」

5. 流行之要：身形腰頂

《易經》的象數，在二水看來，其實是一個高度概括的定性定量分析的數理模型。從敵我雙方的天時、地利、人和三個變數，來考量勝數把握。陰陽老少，往來進退，常變凶吉都在上下兩卦、各自的天地人三爻之中。在太極拳行拳走架中，自身三大節——手、身軀、腳構成了天、人、地三盤。「能如水磨催急緩，雲龍風虎象周旋。要用天盤從此覓，久而久之出天然」「四手上下分天地，採挒捌攌由有去」「此說亦明天地盤，進用捌挒歸人字」「太極人盤八字歌」等都是旨在用《易經》的八卦象數來說明太極拳行功走架之理。

天地人三盤構成的己身「卦象」，倘若將與之相關聯的無形的周遭空氣幻想成假想敵，那麼這一假想敵同樣也有他的天地人三盤。己身天地人三盤在運行變化時，處處設想著假想敵天地人三盤的變化，倘若如是，那麼在拳勢流行之中，「其象數必對待而不移」了，也能從行功走架中借其身之陰以補助之陽，實現己身之採戰；也能在行功走架中逐漸體悟推手中尺寸分毫的陰陽變化，「對待於人出自然，由茲往復於地天」，理固然也。

天地人三盤所構成的身形間架，在進退顧盼的一氣流行之中，氣之流行，不可能像少林拳的跳竄雀躍。三盤之中，身軀的齊頭並進，平送身軀，成為最重要的運動法則。

「以身分步，五行在焉，支撐八面」「以中土為樞機之軸。懷藏八卦，腳跐五行」，在這種運動法則之下，軀體的運動變化，並不能靠兩腳的屈伸蹬撐來帶動，而是需要依靠「樞機之軸」，像是圓規的實腳，以帶動身形的弧線變化。所以「身形腰頂」成了太極拳最為基本的身法要領。

「太極平準腰頂解」以及第七、八、九目所涉及的「身形腰頂」，其實都是對王宗岳《太極拳論》中「立如平準，活如車輪」的詳實詮釋。老拳論一而再，再而三地解釋「立如平準，活如車輪」，可見此八字構成了太極拳行功走架的核心內容：「身形腰頂豈可無，缺一何必費功夫。腰頂窮研生不已，身形順我自伸舒」「退圈容易進圈難，不離腰頂後與前」「頂如準，故云頂頭懸也。兩手，即平左右之盤也。腰，即平之根株也。立如平準，所謂輕重沉浮、分厘毫絲，則偏顯然矣。有準，頂頭懸，腰之根下株，尾閭至囟門也，上下一條線，全憑兩平轉變換取，分毫尺寸，自己辨」。

文字中，「腰頂」與「身形」是一組相對應的概念。腰頂的運動要領是「窮研」，身形的要領是順著腰頂的窮研而「伸舒」。所以，這裡的腰頂，其實是泛指由尾閭內斂、虛領頂勁之後所形成的「軸」，就像是研磨的杵，身形則是順隨著「軸」的研磨而形成的「圜」，只有身形舒展了，「圜」才得以舒展。命門所在處腰背肌上下前後的對拉拔長，胸腹如槖籥般吸呼內動，抽靠貼沉，練的是肩胯之兩「軸」，槖籥，一半竹片木板，一半牛皮，胸腹貼腰背時，能讓脊椎節節舒展，對拉拔長，而不至於讓腰背彎彎曲曲變駝背，這是用以訓練腰頂功夫。

腰頂窮研的「研」，首先得能讓腰頂可以成為研磨之研杵，如此方能如孫祿堂所說「在各式圜研相合之中，得其妙用矣」。虛實分明，講的就是要求肩胯兩軸像圓規兩腳一樣，分清虛實。拳勢在進退顧盼之中，前後的肩胯構成兩「軸」，就像圓規兩腳一樣，可以相互變換虛實。「退圈容易進圈難，不離腰頂後與前」，講的是前後「腰頂」的變化法則。實軸是研，是天平的根株也。虛軸在實軸「研」動下，構成了氣如車輪的「圜」。

所以，當拳勢右向運轉時，必定以右側的肩胯為「研」，以帶動左側身形氣如車輪的「圜」；當拳勢左向運轉時，必定以左側的肩胯為「研」，以帶動右側身形氣如車輪的「圓」。兩「圓」就像兩個大車輪，帶動身形進退顧盼。雖然有兩個車輪，但在拳勢運行中，始終只是或左或右，或虛或實，像是左右變換車輪的獨輪車，始終只有一個車輪在發揮效用。

「車輪兩，命門一，纛搖又轉，心令氣旗，使自然，隨我便」，兩車輪在虛實變化時，作為指揮兩車輪變化的「樞機之軸」，就像軍營中指揮作戰的大旗（纛），在「不離腰頂後與前」時，一定會有些許的「搖又轉」。這一現象，倘若體現在推手之中，就會出現「斷接俯仰」的現象。解決「斷接俯仰」處的細微變化，就成了推手中真假懂勁的關鍵之處。

所以「太極字字解」中說：「求其斷接之能，非見隱顯微不可。隱微似斷而未斷，見顯似接而未接。接接斷斷，斷斷接接，其意心身體神氣極於隱顯，又何慮不粘黏連隨哉。」

手，是天平的託盤，拳者，權也。就太極拳的運動形式而論，兩軸互為虛實，研圓相生，圜研相合，身形在兩軸互換的「搖又轉」中，極其舒展之能，兩手如天平的託盤一般，尺寸分毫，感知運動變化之妙，成了推手中最重要的身形法則。

6. 對待之妙：知覺運動

作為優秀的傳統文化，太極拳能給我們帶來評判是非、善惡、美醜的評價標準，乃至成為我們意識形態中充滿正能量的價值觀；同時，太極拳還能提供發現問題、思考問題、分析問題、解決問題的思維模式；久而久之，還給予我們潛移默化的力量，甚至滲透到我們的一舉一動，一言一行中，成為我們日常生活坐立行臥的行為模式。

希賢希聖，曰睿曰智，允文允武，盡性立命的儒家心學，自然成為太極拳修煉者最高的價值標準。

易學中，提取人、我雙方的天、地、人三參數之變數，構建定性定量分析的數理模式，用《易經》特有的二分四象限的分析方式，從各參數中找出常變因數，並在變數中，理順變數之間相錯相綜、流行對待關係，進而歸納總結出解決問題的最佳方式。

這一方式，體現在人的任物、處物上，一定是直面，而不是逃避；一定是陰陽採戰，而不是頂抗丟匾；一定是後發先至，而不是先聲奪人；一定是以柔克剛，而不是以強凌弱……由此，太極拳從最為基本的鍛鍊「命門三焦」的能量轉化系統出發，讓我們的意志、思慮、心智得以提升，最後帶我們走入希賢希聖，曰睿曰智，允文允武，盡性立命，乃至階及神明之路。這一點，體現在兩個人之間的推手訓練上尤為直接有效。誠如「口授張三豐老師之言」云：「採自身之陰，戰己身之女，不如兩男之陰陽對待修身速也。」

為什麼推手訓練比自身行拳走架時的一氣流行、採戰陰陽「修身速」呢？三十二目反覆強調了一個概念「知覺運動」：「知覺運動得之後，而後方能懂勁，由懂勁後，自能階及神明矣」「非乃武無以尋運動之根由，非乃文無以得知覺之本原。是乃運動而知覺也」「先求自己知覺運動，得之於身，自能知人」「要知人之知覺運動，非明粘黏連隨不可」「運動知覺來相應，神是君位骨肉臣。分明火候七十二，天然乃武並乃文」「補自己者，知覺功虧則補，運動功過則瀉，所以求諸己不易也」。

知覺運動，作為邏輯概念，最早是朱熹注釋《孟子・告子》時所提出來的，戴東原批駁朱熹的觀點，他在《緒言》中以答問形式，首次為「知覺運動」做了邏輯上嚴密的判定。

他說：「知覺運動者……此生生之機，原於天地者也，而其本受之氣，與所資以養者之氣則不同。所資以養者之氣，雖由外而內，大致以本受之氣召之……氣運而形不動者，卉木是也；凡有血氣者，皆形能動者也。由其成性各殊，故形質各殊，則其形質之動，而為百體之用者，利用不利用亦殊。知覺云者，如寐而寤曰覺，心之所通曰知，百體皆能覺，而心之知覺為大。凡相忘於習則不覺，見異焉乃覺。魚相忘於水，其非生於水者，不能相忘於水也，則覺不覺亦有殊致矣。」

簡言之：覺，乃大腦皮層對外界事物的第一感受。《黃帝內經》云：「所以任物者謂之心，心有所憶謂之意，意之所存謂之志。」這是心以任物的階段，是一種意志。

而知，則是深思熟慮後，對於外界事物的一種判斷和處理。《黃帝內經》云：「因志而存變謂之思，因思而遠慕謂之慮，因慮而處物謂之智。」由覺而知，是任物到處物的飛躍。表面上沒有動靜，內在在流行變化，稱之為運。動，乃形體上的變化。

知覺運動者，此生生之機原於天地者也。「固有分明法」云：「蓋人降生之初，目能視，耳能聽，鼻能聞，口能食。顏色聲音香臭五味，皆天然知覺固有之良；其手舞足蹈，於四肢之能，皆天然運動之良。」雖然是固有之良，但往往相忘於習，則不覺，見異焉，乃覺。就像魚一樣，悠游在水裡，它就無法感知水的存在；人生活在空氣之中，也感受不到來自空氣的浮力與阻力。

「固有分明法」接著分析道：「思及此，是人孰無。人性近習遠，失迷固有。要想還我固有，非乃武無以尋運動之根由，非乃文無以得知覺之本原。是乃運動而知覺也。」

戴東原認為：「血氣心知有自具之能：口能辨味，耳能辨聲，目能辨色，心能辨夫理義。」他認為動、植物雖也有知覺運動，但人，本受之氣、所資以生之氣不同。只有人才能認知自然規律的理和作為道德規律的理，就像味道與聲色一樣，可以被人類所認識。人在不斷提高認知的前提下，「心之神明，於事物成足以知其不易之則，譬有光皆能照。而中理者，乃其光盛，其照不謬也」。他認為，人的認識是一個不斷由「精爽」進到「神明」的過程，「精爽」的過程，先自知，後知人，尺寸分毫，由尺及寸，由寸及分及毫，允文允武、允聖允神；當階入「聰明睿聖」時，「心之精爽，有思則通……精爽有蔽隔而不能通之時，及其無蔽隔，無弗通，乃以神明稱之。」三十二目自始至終貫穿了戴東原的知覺運動理念。

在這一理論指導下，我們的推手，就不是以顢頇逞強為能，更非呈角力相撲之技，而是在相互的粘黏連隨之中，克服頂匾丟抗之病，去覺知對手勁力的大小、方向、目標，甚至在對手勁力之將發而未發、預動而未動的端倪，去把握對手的運與動。

「夫運而知，動而覺。不運不覺，不動不知。運極則為動，覺甚則為知」「彼不動，己不動，彼微動，己先動」。太極推手訓練，其實就是透過相互之間的粘黏連隨，旨在把握雙方勁力意氣的運與動，在將發而未發、預動而未動的端倪中，去觀照和感觸陰陽消長之機。

粘，我之於人的主動知覺；黏，我之於人的被動知覺；連，人之於我的主動知覺；隨，人之於我的被動知覺。頂，我之於人的過激反應；匾，我之於人的消極反應；丟，人之於我的消極反應；抗，人之於我的過激反應。老一輩在總結推手經驗時有聽問欺吃之說。

聽：實則為肌膚神經末梢的感知能力。多與人接手摸勁，多聽，方能懂。可見，聽勁，是懂勁的基礎。聽勁首先得聽勁源；其二，聽勁之方向；其三，聽勁力大小、厚薄；其四，聽對手勁的真假虛實。

問：以細微的感觸，或輕或重，去探知對手的勁路的虛實變化。聽後沒懂，不能不懂裝懂，不懂則問。一問對手中軸藏否；二問對手勁的真假；三問對手功力大小。

欺：施以假象，誘使對手失勢。聽了，懂了，方有所作為。一用指欺，二用肘欺，三用肩欺，四用身欺。

吃：得機得勢，全盤照收。「開」吃、「沉」吃、「提」吃、「引」吃。個中滋味，還得靠自己在推手中摸索。

與人推手，功夫的進階，也自然是先練開展，後練緊湊。緊湊之後，再求尺寸分毫。由尺而寸，而分而毫，蓋慎密之至，不動而變也。尺寸分毫之後，方能探究節膜、拿脈、抓筋、閉穴之功。

太極正功，不是剛柔相濟，而是方圓相濟。圓之出入，方之進退，隨方就圓之往來也。方為開展，圓為緊湊。方圓規矩之至，孰能出此外哉。如此得心應手，仰高鑽堅，神乎其神，見隱顯微，的的思的，生生不已，欲罷不能。

在懂勁之後，階及神明之前，得真切領悟「斷接俯仰」四字。原因是這四字，關乎意念與勁路的變化。斷接是說神氣，俯仰則是說手足身形的變化。粘黏連隨，講究的是不丟不頂的功夫，而接接斷斷，斷斷接接講究的卻是即丟即頂的功夫。觸發之間，便是即丟即頂，觸發之間，便是斷接之能。勁斷意不斷，意斷神可接，方能階及神明。

㈢小　結

值得一提的是，我國傳統的文論體系，或遵循孔夫子「述而不作」的理念，作者即便有新穎的觀點，也往往出入於古人的注腳之中，六經注我，我注六經，文字風格也常常傾向於散漫的隨筆，很少有系統的、條理分明、邏輯嚴密的文本。而具備自己特有語言概念並且具備命題判斷等形式邏輯，進而來闡述自己完整理論體系的文本，更是鳳毛麟角。

通常人們將刊發於一九〇八－一九〇九年間的《人間詞話》，作為我國完整理論體系的里程碑，這得歸功於王國維多年來浸潤於叔本華哲學、美學體系之功。而成稿於一八六八—一八九二年間的三十二目，顯然已經具備了自己獨特的概念，且系統的理論層次分明、文本邏輯嚴密，較王國維的文本早了近四十年。從這個意義上而論，研討此譜的價值，已遠遠超出了僅限太極拳理論這一界域了。

此譜成稿的一八六八—一八九二年間，正值楊露禪經武汝清舉薦赴京城授拳之時，「母子同治」的清皇朝，飽受鴉片戰爭與太平天國戰火，風雨飄搖，內憂外患，開始順應時勢，一方面，廢科舉，興學堂，開海禁，辦洋務，興辦新式工業，創辦新式軍隊；另一方面，不甘心全盤的西化，企圖以夷制夷，以傳統勢力來牽制洋務勢力，從而穩固深宮的垂簾與集權。搖搖欲墜的清廷，得以暫時的喘息，迎來了為期十來年的所謂「同治中興」。

洋務期間，面對「西學東漸」之風所帶來的西方文化的大肆侵襲，傳統文化顯得不堪一擊，巍巍大中華，甚至連皇者自尊，都被西方文明的槍炮打得稀巴爛。與此同時，西方教會勢力乘機大勢入侵各地，甚至向內地、鄉村入侵。華夏傳統的社會價值觀，遭到前所未有的挑戰，而各地不約而同的教案事件，最終都還是以屈服告終。

傲慢的慈禧也開始學會「量中華之物力，結與國之歡心」。而「中學為體，西學為用」的口號，顯然是傳統文化在面對被全盤西化時，所做的最後的抵抗。這個口號之下，蘊含著當時知識份子內心復興儒學價值觀及禮制綱常的理想。此時，一種被冠以「太極」之名的武術形式，被當作是聖人之學，藉以慰藉國人脆弱的心。皇宮貴族、達官貴人於是群響眾應。

成稿於其時的此譜，從「張三豐承留」「口授張三豐老師之言」等文字背後，不難看出這些拳論的捉刀者，他們的內心有著明確的政治主張與抱負。從字裡行間，我們能感受得到儒家「人心惟危，道心惟微，惟精惟一，允執厥中」這耳提面命、諄諄囑咐的十六字心法。這在他們看來，像是華夏文明的火種盒，關乎天下蒼生，家國命運。而太極拳生逢其時，正擔綱起承載聖人之道的道器。

改革開放三十餘年，經濟大復興，太極拳在這一時代背景之下，也得到了空前的繁榮。此次點校，以《太極法說》為底本，參校家藏本及澄本、田本、沈本、萬本等，重在梳理蘊含於此譜內的系統的拳學體系及傳統的價值觀。

在新的歷史時期，如何定位太極拳，重新認識太極拳，如何讓億萬修煉太極拳者得以享受更多來自優秀傳統文化的給養，這或許也是我們重讀此譜的意義所在。

敘例

一、《太極法說》的校箋，以楊班侯贈貽全佑的楊家太極拳老拳譜三十二目的掃描本為底本，參校楊振基《楊澄甫式太極拳》所附錄的「楊澄甫家傳的古典手抄太極拳老拳譜影印」本，為便於拳友閱讀，以通行的豎排刊行。

二、諸本拳譜傳抄過程的訛脫衍倒、魯魚亥豕，一依其舊，只在校箋中，得以一一校正，且在校箋中予以說明。拳架名目中的訛誤或異體，在其傳承中有別番釋義者，如灣弓手、通山捶、攌、摲、撵等，也一依其舊，且在校箋中加以注明。

三、此次校釋，涉及拳學演進史論，亦參校了李亦畬手抄《王宗岳太極拳論》（郝和珍藏）、《太極功源流支派論》等，皆以按語形式，加以說明。

四、此次校釋，重在梳理傳統文化中對「人」的認識，以及由此而構建的傳統價值觀。所涉「身心」「性命」「精氣神」「血氣」「營衛」等，將其出典及語義的演進，一一在校箋中予以闡述，另外，宋明理學中幾次重大辯爭，諸如太極無極之爭、理氣之辨、心學源流等，對考校拳譜語境、梳理拳譜理學脈絡有益者，也會在校箋中以按語形式予以闡述。

五、對於因語意環境的變遷造成當今讀者難以理解的一些術語，或在此太極拳譜成稿時期另有深意者，或以此構建此拳譜之綱紀者，諸如知覺運動、流行對待、體育、命門、陰陽顛倒、採戰等，均在校箋中加以說明，且以按語形式加以闡述。

六、一九五三年七月一日，田兆麟老師在滬學生為其刊行《太極拳手冊》（內部資料）中楊健侯贈貽田兆麟拳譜，因與他本文辭出入較大，然義理精到，附錄於後，供參校。

吳氏家傳太極拳佈用全書

太極法說

吳鑑泉

黎鋒珍藏

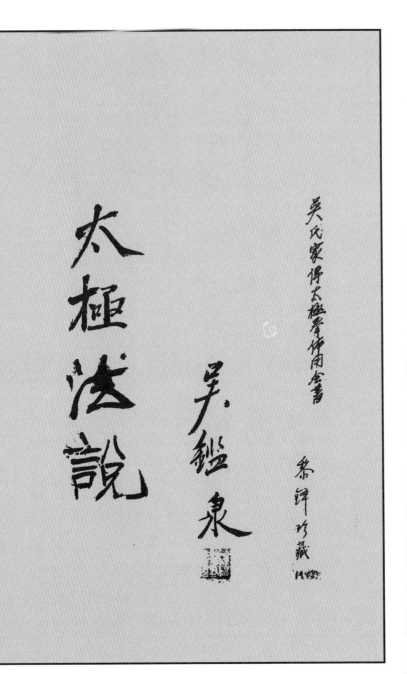

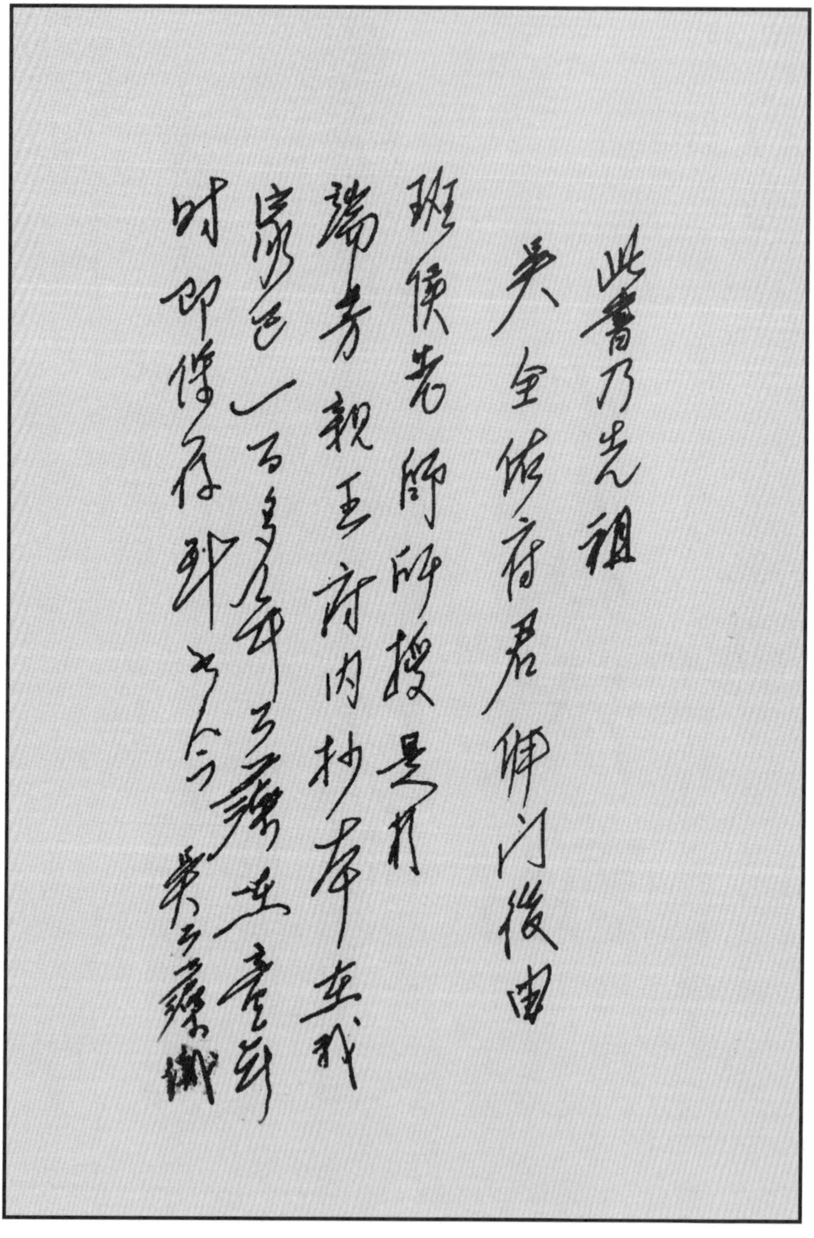

此書乃先祖
吳全佑府君拜門後由
班侯老師所授，是有
端方親王府內抄本並我
家已一百多年至公藻並查對
時即傳存到七八今
吳公藻識

（封面）太極法說①

吳鑒泉②

（鈐「吳鑒泉章」「吳愛仁堂」兩方印章）

吳氏家傳太極拳體用全書

黎鐸③珍藏　一九四八

（鈐「吳公藻」「黎鐸之印」「黎鐸」三方印章）

（封裡）此書，乃先祖吳全佑④府君，拜門後，由班侯⑤老師所授，是於端芳親王⑥府內抄本，在我家已一百多年。公藻在童年時，即保存到如今。

吳公藻識（鈐「吳公藻」印）

【注釋】

①太極法說：法者，象也。兵謀無方，而奇正有象，故曰法。法者，常也。法天，法地，法古者也。此本封面由吴鑒泉毛筆題簽「太極法說」四字（下文簡稱「此本」），並署名「吴鑒泉」，鈐蓋「吴鑒泉章」及「吴愛仁堂」兩方印章。右側，吴公藻硬筆題簽「吴氏家傳太極拳體用全書」，並署名「黎鐸珍藏一九四八」，鈐蓋「吴公藻」「黎鐸之印」「黎鐸」三方印章。

封裡，吴公藻又用硬筆書寫：「此書，乃先祖吴全佑府君，拜門後，由班侯老師所授，是於端芳親王府內抄本，在我家已一百多年。公藻在童年時，即保存到如今。吴公藻識」五十四字，鈐蓋「吴公藻」印章。

此本拳譜，係一九八〇年香港以《吴家太極拳》之名，再版吴公藻一九三五年編著的《太極拳講義》時，以增附「楊班侯傳吴全佑之手抄秘本」，而公之於世。一九八五年十月，上海書店翻印此書，一依《太極拳講義》之舊名，公開發行。此拳譜開始引人矚目。

其實，相關文字內容，早在一九三一年一月，神州國光社刊行楊澄甫先生《太極拳使用法》一書時，就收錄了楊家太極拳老拳譜計十六篇（下文簡稱「澄本」）。「大小太極解」

一篇，編排在「四隅推手法」後、「王宗岳原序」前。「八門五步」「八門五步用功法」兩篇編有序號，「粘黏連隨」「頂匾丟抗」「對待無病」「對待用功法守中土」「身形腰頂」「太極圈」「太極上下名天地」「八五十三勢長拳解」「太極陰陽顛倒解」「太極分文武三成解」「太極輕重浮沉解」「太極血氣根本解」「太極尺寸分毫解」等沒有序號，但分列於其後，集中編在「太極槍得傳歷史序」前。另有「太極指明法」，在凡例（拳勢使用法之凡例）之前。

其書文白俚俗，混作一鍋，拳照與動作說明之間，相錯相綜，訛誤也多，序列顛倒往復。因此，書甫發行，楊澄甫即命出版館將原版毀去，讓發行社將存書收回。此書編述者董英傑，在其書序中有云「余幼讀書」等，並附「勸諸同志莫懈心，日月穿梭貴如金」一詩，唐豪在一九三六年出版的《王宗岳太極拳譜 陰符槍譜》一書中，即有如此記載：「楊澄甫《太極拳使用法》出版後交神州國光社發行。因為內容太質而不文，例如書中（一四七頁）『有說一力強十會』下注（有禮）二字，（一四八頁）『我說一巧破千斤』下注（不錯）二字，這些都是江湖套語，號稱能文章的楊氏弟子，看見了覺得面子上有些那個，反對將該書出售，所以不久即行收回，現已不易購得」云。所以，其書所公佈的這些老拳譜，在當時未能引起人們的重視。

一九四八年，曾編述楊澄甫《太極拳使用法》的董英傑，由中華書局香港印刷廠初版其太極拳專著《太極拳釋義》。其書收錄楊家太極拳老拳譜凡二十五篇（下文簡稱「董本」）。「大小太極解」一篇編排在「學拳須知」內。其餘二十四篇編入「歌訣論解」中。「八門五步」「八門五步用功法」兩篇中的「步」，在其目錄中誤寫作「部」。其餘二十二篇名目分別為「固有分明法」「粘黏連隨」「頂丢匾抗」「對待無病」「對待用功法守中土」「身形腰頂」「太極圈」「太極進退不已功」「太極上下名天地」「太極人盤八字歌」「太極體用解」「太極文武解」「太極懂勁解」「八五十三勢長拳解」「太極陰陽顛倒解」「人身太極解」「太極分文武三成解」「太極武功事解」「太極正功解」「太極輕重浮沉解」「太極四隅解」「太極平準腰頂解」。

其中「太極武功事解」在所見其他各本中，具作「太極下乘武事解」，文字也出入較大，此或係這位「能文章的楊氏弟子」疏理之功了。「大小太極解」他本均不備，而澄本、董本另眼待之，也值得研究者關注。

一九五三年七月一日，田兆麟老師在滬的學生為其刊行《太極拳手冊》，何孔嘉序言云：「為助成田敎師的宏願，特將其平日講授之精義以及寶藏之錦抄，彙編成冊，分贈諸同志，以備析疑並希敎正之」。此書末，家師慰蒼先生用藍墨水筆對此書的來歷等，寫有數行說明：「此本請大密先生向田兆麟先生處要來，所錄拳譜係楊氏老譜，字句稍有舛誤，已為校正，復手抄一本，以為他日與新譜合刊之用。五四年一月三十日仁霖識」。

《太極拳手冊》無目錄，從正文來看，分以下幾章節：序（何孔嘉）；太極拳釋義（田兆麟）；拳譜；太極拳名稱（九十式）；太極拳之七腳等。其中「拳譜」，即田兆麟老師「寶藏之錦抄」，包括有楊家太極拳老拳譜內容凡二十六目（下文簡稱「田本」），分別為「八門五步」「粘黏連隨」「頂匾丟抗」「太極圈」「對待用功法守中土」「太極進退不已功」「太極體用解」「太極文武解」「太極懂勁解」「八五十三勢長拳解」「太極分文武三成解」「太極下乘武事解」「太極正功解」「太極輕重浮沉解」「太極四隅解」「太極平準腰頂解」「太極尺寸分毫解」「太極膜脈筋穴解」「太極字二解」「太極節拿抓閉尺寸分毫辯」「太極補瀉氣力解」「懂勁先後論」「尺寸分毫在懂勁後論」「太極指掌捶手解」「口授張三豐老師之言」「張三豐以武事得道論」。另外還附有「太極拳眞義」「八字歌」「心會論」「周身大用論」「十六關要論」「功用解」「用功五」等數篇與《太極功源流支派論》相關的拳論。

此拳譜，據田兆麟老師言，係一九一七年楊健侯授意他來杭州授拳時所贈貽。可惜田兆麟老師仙逝後，此譜原本不復得見。《太極拳手冊》屬於內部資料，流布不廣，慰蒼先生收藏此書，亦幾成孤本。因田本與他本文辭出入較大，然文辭質樸，義理精到，附錄於其後，供參校。

另據沈家楨稱，曾從學楊澄甫時，抄得楊家太極拳譜四十三目，其中包括「王宗岳太極拳論」一篇、「十三勢行功心解」一篇。原書名為《王宗岳太極拳譜》。一九六三年顧留馨先生在編著《太極拳研究》一書時，選錄其中的十四篇（下文簡稱「沈本」），將其輯入該書附錄五《楊澄甫太極拳老拳譜》中。沈家楨先生已於一九七二年謝世，沈本原本而今不知落入誰人之手。

顧留馨先生選錄的其中十四篇，分別為：「太極平準腰頂解」「太極正功解」「太極輕重浮沉解」「太極力氣解」「太極文武解」「粘黏連隨解」「頂匾丟抗解」「對待無病」「對待用功法守中土歌」「太極圈歌」「太極四隅解」「太極武事解」「太極懂勁先後論」「太極尺寸分毫解」。

一九九一年人民體育出版社初版的《太極拳譜》沈壽點校本，稱「萬本」為工楷手寫本，內容依次為楊家太極拳老拳譜、王宗岳著太極拳譜和宋書銘傳抄太極拳譜，係三者的合訂本。全書共七十餘篇，總書名題為《太極拳功解》，因其所用十行紙，在旁框外的左下角印有「萬縣興隆街裕興昌印」九個字，故稱「萬本」（下文也簡稱「萬本」）。但沈壽對此譜的來由，未作進一步探究，也無照片或影印本可供參閱，因而對研討該譜的價值，如隔靴搔癢。

一九九三年三月，楊振基演述、嚴翰秀整理的《楊澄甫式太極拳》一書出版，其中第七章為「楊澄甫家傳的古典手抄太極拳老拳譜影印」（下文簡稱「家藏本」），楊振基先生於一九九二年六月二十日書寫「影印件說明」云：「手抄本太極拳老拳譜三十二目長期在我母親處保存，一九六一年末我要去華北局教拳，母親將此手抄本交與我，由於此本作為自己的內修本也就沒有外傳，今趁出書之機把它公佈，讓廣大愛好太極拳者藉此有新的思索和提高太極拳理論水準，這是我所盼。」此書的重要意義，在於以全本影印本形式公開了楊家自藏太極拳老拳譜。從此，楊家自藏本與《太極法說》本相映成輝，相得益彰，太極拳界也由此開啓了對此譜學習研討之風氣。

②吳鑑泉（一八七〇—一九四二年）：亦作吳鑒泉，原名烏佳哈拉。愛紳，滿族，河北大興人。其父全佑，師從楊班侯學習太極拳，其承家傳，拳藝以柔化而名。一九二七年，由北平遷居上海。一九二八年，被上海精武會和國術館聘為教授。

一九三三起，創設鑒泉太極拳社，啓吳氏太極拳一脈之傳承。子吳公儀、吳公藻，女吳英華，婿馬岳梁承其學。

③黎鐸：吳公藻之字型大小。吳公藻（一九〇〇—一九八五年），吳鑒泉次子，字雨亭，又字潤沛，號黎鐸。河北大興人。家學淵源。首居北京體育講習所畢業後，任國民革命軍第十三軍教練。

一九二九年，於上海精武體育會任教。一九三三年，隨吳稚輝等赴長沙，受何健重聘，為湖南國術訓練所教席。一九三五年，編著《太極拳講義》。一九八〇年，編著《吳家太極拳》，首次以影印件形式，全本公開了此譜，為太極拳理論界做出了非凡的貢獻。

④吳全佑（一八三四—一九〇二年）：名全佑，字公甫，號保亭，滿族，河北大興人。「吳」姓係民國後所改漢姓。楊露禪、楊班侯父子，在京城授拳時，神機營裡萬春、凌山、全佑三人，勤學苦練，各得所長，凌山善發勁，萬春得剛勁，全佑則長於柔化。後拜入楊班侯門下，為後世吳氏太極拳的創立奠定了基礎。其子吳鑒泉、弟子王茂齋等傳其學。

⑤班侯：楊班侯（一八三七—約一八九二年），名鈺，字班侯。永年廣府人。太極拳宗師楊露禪次子，自幼隨父習太極拳，承其家學，性情剛躁，拳勢緊湊，協助其父楊露禪赴京城傳授太極拳，共同開創了近代太極拳的繁榮局面，厥功至偉。

⑥端芳親王：無從稽考。此譜涉及「端芳親王」，坊間以此視作楊家授拳清廷王公貝勒府之佐證。因清廷無「端芳親王府」，好事者遂將「端芳親王府」或作「端王府」。

清廷前後雖然有三位「端王」，楊露禪、楊班侯父子，也雖曾在滿清王公貝勒府授拳，但可以肯定的是，邀楊露禪、楊班侯父子授拳的王府，絕對不會是在端王府。原因是，端親王弘暉、端王永瑊，被乾隆爺進謚為端王時，楊露禪尚未出世。

載漪，惇親王奕誴之次子，過繼給瑞郡王奕誌為子，娶慈禧侄女為妻，深得慈禧的倖幸。光緒二十年，慈禧進封其為瑞郡王，因奏摺中筆誤，誤「瑞」作「端」，於是將錯就錯，改稱「端郡王」。時年，係西元一八九四年，楊班侯已過世兩年。由此可見，楊家楊露禪、楊班侯父子，是無緣得見清廷這三位端王的。

目錄

共三十二目

目錄①

（鈐「吳鑑泉章」「吳公藻」「黎鐸之印」「黎鐸」「吳愛仁堂」五方印章）

【注釋】

①目錄：目的本義，是眼睛。引申為羅網中網格狀的網眼。而織成網眼的各類絲緒，謂之「紀」。提挈羅網的總纜繩，謂之「綱」。羅網之有綱紀，綱舉則紀不亂，而萬目俱張。綱、紀、目，構建了網羅萬象的一個大體系，以此，喻事物內在的結構條理。錄，原意為金色，從金，錄聲。段玉裁釋義稱，錄，金色在青黃之間也。後引申為燒錄、膡寘等，依然不改用色塊來使之醒目的本意。

目錄，是指圖籍正文前所載的目次。班固《漢書·敘傳》中有「爰著目錄，略序洪烈，述藝文志第十」句，可見早在漢代，「目錄」兩字已成為專用名詞。唐開元年間毋煚，歷時三年編著《群書四部目錄》二百卷，「將使書千帙於掌眸，披萬函於年祀，覽錄而知旨，觀目而悉詞……不見古人之面，而見古人之心」，開目錄學之先風。「覽錄而知旨，觀目而悉詞」，透過「金色在青黃之間」諸類醒目的方式，讓讀者對「綱紀目」所構建的理論體系，得以一目了然，這依然不失「目」與「錄」兩字最基本的含義。

②功：正文此處為「歌」。

③解：此本與家藏本目錄裡皆作「解」，兩本在正文中也皆作「辨」。

④助：此本與家藏本目錄裡皆作「助」，兩本正文中則皆作「瀉」。

⑤共三十二目：此本與家藏本目錄中，皆作「共三十二目」，而兩本正文裡，實際另有「太極空結挫揉論」「懂勁先後論」「尺寸分毫在懂勁後論」「太極指掌捶手解」「口授穴之存亡論」「張三豐承留」「口授張三豐老師之言」「張三豐以武事得道論」等八篇。所以，通常人們將這八篇與原三十二目相加，合稱為四十目。

二水按：簡單地將八篇與原三十二目做數字上的相加，不能說明更多的問題。「目」的原義，是指羅網中網格狀的網眼，而織成網眼的各類絲緒，謂之紀。綱，則是提挈羅網的總纜繩。羅網之有綱紀，綱舉則紀不亂，而萬目俱張。此所謂提綱挈領者也。那麼，這四十篇文字中，何為綱？何為紀？何為目？只有理順了綱、紀、目，才能「舉一綱而萬目張，解一卷而衆篇明」。

總攬此譜，總綱為「張三豐承留」「口授張三豐老師之言」「張三豐以武事得道論」三篇。

「八門五步」「八門五步用功法」「固有分明法」「粘黏連隨」「頂匾丟抗」「對待無病」「對待用功法守中土」「身形腰頂」「太極圈」「太極進退不已功」「太極上下名天地」「太極人盤八字歌」等十二目，自成完整的羅綱體系，屬於第一層面的「目」。

「太極體用解」「太極文武解」「太極懂勁解」「八五十三勢長拳解」「太極陰陽顛倒解」「人身太極解」「太極分文武三成解」「太極下乘武事解」「太極正功解」「太極輕重浮沉解」「太極四隅解」「太極平準腰頂解」，此十二目，皆以「解」名（「解」者，從刀判牛角），意思是說，此十二目是對前十二目所涉諸多概念，做進一步釋詁與條陳縷析，是屬於第二層面的「目」。

「太極四時五氣解圖」「太極血氣根本解」「太極力氣解」「太極尺寸分毫解」「太極膜脈筋穴解」「太極字字解」「太極節拿抓閉尺寸分毫解（辨）」「太極補助（瀉）氣力解」，此八目，從「人身太極」角度，進一步對「太極下乘武事」做詳細的闡幽明微，屬於第三層面的「目」。

而「太極空結挫揉論」「懂勁先後論」「尺寸分毫在懂勁後論」「太極指掌捶手解」「口授穴之存亡論」等五目，皆以「論」名，也不在目錄的三十二目之列，疑係三十二目成文之後，另行補織的網眼。此五論，雖是對前三十二目作進一步補充，但相對而言，內容較雜亂，且有資料堆砌的現象，文意也不具系統性，亦不妨看作是第四層面的「目」，是對整個文論體系的補遺。

⑥太極空結挫揉論：以下條目非原書目錄所有，為編者據原書正文補充。

八門五步

掤南　攦西　擠東　按北　採西北　挒東南　肘東北　靠西南　方位

坎　離　兌　震　巽　乾　坤　艮　八門

方位八門乃為陰陽顛倒之理周而復始隨其所行也總之四正四隅不可不知矣夫掤攦擠按是四正之手採挒肘靠是四隅之手合隅正之手得門位之卦以身分步五行在意支撐八面五行者進步火退步水左顧木右盼金定之方中土也夫進退為水火之步顧盼為金木之步以中土為樞機之軸懷藏八卦腳趾五行手步八五其數十三出於自然十三勢也名之曰八門五步

吳愛仁堂

八門五步用功法

八卦五行是人生成固有之良必先明知覺運動四字之本由知覺運動得之後而后方能懂勁由懂勁後自能接及神明然用功之初要知知覺運動雖固有之良亦甚難得之於我也

固有分明法

蓋人降生之初目能視耳能聽鼻能聞口能食顏色聲音香臭五味皆天然知覺固有之良其手舞足蹈於四肢之能皆天然運動之良思及此是人孰無因人性近習遠失迷固有要想還我固有非乃武無以尋運動之根由非乃文無以得知覺之本原是乃運動而知覺也夫運而知動而知不運不覺不動不知運極則為動覺盛則為知動知者易運覺者難先求自己知覺運動得之於身自能知人要先求知人恐失於自己不可不知此理也夫而後懂勁然也

粘黏連隨

粘者提上拔高之謂也　黏者留戀繾綣之謂也

連者舍己無離之謂也　隨者彼走此應之謂也

要知人之知覺運動非明粘黏連隨不可斯粘黏連隨之功夫亦甚細矣

頂匾丟抗

頂者出頭之謂也　匾者不及之謂也　丟者離開之謂也

抗者太過之謂也

要知于此四字之病不但粘黏連隨斷不明知覺運動也初學對手不可不知也更不可不去此病所難者粘黏連隨而不許頂匾丟抗是所不易矣

對待無病

頂匾丟抗失於對待也所以為之病者既失粘黏連隨何以獲知覺運動既不知己焉能知人所謂對待者不以頂匾丟抗相對於人也要以粘黏連隨等待於人也能如是不但無對待之病知覺運動自然得矣可以進於懂勁之功矣

對待用功法守中土　俗名站樁

定之方中足有根先明四正進退身掤攦擠按自四手須費

功夫浮其真身形腰頂皆可以粘黏連隨意氣均運動知
覺來相應神是君位骨肉臣分明火候七十二天然乃武並
乃文

身形腰頂

身形腰頂豈可無缺一何必費工夫腰頂窮研生不已身
形順我自伸舒舍此真理終何極十年數載亦糊塗

太極圈

退圈容易進圈難不離腰頂後與前所難中土不離位退
易進難仔細研此為動功非站定倚身進退並比肩能如
水磨摧急緩雲龍風虎象周旋要用天盤從此覓久而久
之出天然

太極進退不已功

掤進履退自然理陰陽水火相既濟先知四手浮來真採挒
捌擴方可許四隅從此演出來十三勢架永無已所以圈之
名長拳任君開展與收歛千萬不可離太極

太極上下名天地

四手上下分天地採挒捌擴由有去採天擴地相應求何患
上下不既濟若使挒捌習遠離迷了乾坤遺歎惜此說亦明
天地盤進用捌挒歸人字

太極人盤八字歌

八卦正隅八字歌十三之數不幾何幾何若是無平準丟了
腰頂氣歎哦不斷要言只兩字君臣骨肉細琢磨功夫內外
均不斷對待數兒豈錯他
對待於人出自然由茲往復於地天但求舍己無深病上
下進退永連綿

太極體用解

理為精氣神之體精氣神為身之體身為心之用勁力
為身之用心身有一定之主宰者理也精氣神有一定之
主宰者意誠也誠者天道誠之者人道俱不外意念須
臾之間要知天人同體之理自得日月流行之氣其氣意之
流行精神自隱微乎理矣夫而后言乃武乃文乃聖乃神
則得矣若特以武事論之於心身用之於勁力仍歸於道之
本也故不得獨以末技云爾
勁由於筋力由於骨如以持物論之有力能執數百斤是
骨節皮毛之外操也故有硬力如以全體之有勁似不能
持幾斤是精氣之內壯也雖然若是功成後猶有妙出
於硬力者修身體育之道有然也

太極文武解

文者體也武者用也文功在武用於精氣神也為之體
育武功得文體於心身也為之武事夫文武尤有火候

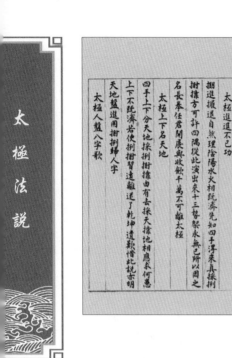

之謂在放卷得其時中體育之本也文武使於對待之際在蓄發當其可者武事之根也故云武事文為柔軟體操也精氣神之筋勁武事武用剛硬武事也心身之骨力也文無武之預備為之有體無用武無文之侶伴為之有用無體如獨木難支孤掌不響不惟體育武事之功事、諸如此理也文者內理也武者外數也有外數無文理必為血氣之勇失於本來面目欺敵必敗爾有文理無外數徒思安靜之學未知用的採戰差微則亡耳自用於人文武二字之解豈可不解哉

太極懂勁解

自已懂勁接及神明為之文成而后採戰身中之陰七十有二無時不然陽得其陰水火既濟乾坤交泰性命葆真矣於人懂勁視聽之際遇而變化自得曲誠之妙形著明於不勞運動覺知也功至此可為攸往咸宜無須有心之運用耳

八五十三勢長拳解

自已用功一勢一式用成之後合之為長滔、不斷周而復始所以名長拳也萬不得有一定之架子恐日久入於滑拳也又恐入於硬拳也決不可失其綿軟周身往復精神意氣之本用久自然貫通無往不至何堅不摧也於人對待四手當先亦自八門五步而來站四手、、碾磨進退四手中四手上下四手三才四手由下乘長拳四手起大開大展揀至緊湊屈伸自由之功則升之中上成矣

太極陰陽顛倒解

陽乾天日火離放出發對開臣肉用氣身武主命方呼上進陰陰坤地月水坎卷入蓄待合君骨體理心文性盡圓吸下退正蓋顛倒之理水火二字詳之則可明如火炎上水潤下者水能使火在下而用水在上則為顛倒然非有法治之則不得矣辟如水入鼎內而治火之上鼎中之水得火以然之不但水不能下潤藉火氣水必有溫時火雖炎上得鼎以陽之是為有極之地不使炎上炎火無止息亦不使潤下之水永滲漏此所為水火既濟之理也顛倒之理也若使任其火炎上水潤下必至火水必分為二則為火水未濟也故云分而為二合之為一之理也故云一而二二而一總斯理為三天地人也明此陰陽顛倒之理則可與言道知道不可須臾離則可與言人能以人弘道知道不遠人則可與言天地同體上天下地人在其中矣苟能參天察地與日月合其明與五岳四瀆華朽與四時之錯行與草木並枯榮明鬼神之吉凶知人事興衰則可言乾坤為一大天地人為一小天地也夫如人之身心致知格物於天地之知能則可

言人之良知良能若思不失固有其功用浩然正氣直養無害悠久無疆矣所謂人身生成一小天地者天也性也地也命也人也虛靈也神也若不明之者烏能配天地為三乎然非盡性立命窮神達化之功胡為乎來哉

人身太極解

人之周身心為一身之主宰、、太極也二目為日月即兩儀也頭像天足像地人中之人及中脘合之為三才也四肢四象也腎水心火肝木肺金脾土皆屬陰膀光水小腸火胆木大腸金胃土皆陽也茲為內也顱丁火地閣承漿水左耳金右耳木兩命門也茲為外也神出

於心目眼為心之苗精出於腎腦腎為精之本氣出於肺胆氣為肺之原視思明心動神流也聽思聰腦動腎滑也鼻之息香臭口之呼吸出入水鹹木酸土辣火苦金甜及言語聲音木亮火焦金潤土塕水漂鼻息口吸呼之味皆氣之往來肺之門戶肝胆巽震之風雷發之聲音出入五味此言口目鼻舌神意使之六合以破六慾也此內也手足肩膝肘胯亦使六合以正六道也此外也眼耳鼻口大小便肚臍外七竅也喜怒憂思悲恐驚內七情也七情皆以心為主喜心怒肝憂脾悲肺恐腎驚胆思小腸怕膀胱愁胃慮大腸此內也夫離南正午火心經坎北正子水

腎經震東正卯木肝經兌西正酉金肺經乾西北隅金大腸化水坤西南隅土脾化土巽東南隅胆木化土艮東北隅胃土化火此內八卦也外八卦者二四為肩六八為足上九下一左三右七也坎一坤二震三巽四中五乾六兌七艮八離九此九宮也內九宮亦如此表裏者乙肝左肋化金通肺甲胆化土通脾丁心化木中胆通肝丙小腸化水通腎己脾化土通胃戊胃化火通心後背前胸山澤通氣辛肺右肋化水通腎庚大腸化金通肺癸腎下部化火通心壬膀胱化木通肝此十天干之內外也十二地支亦如此之內外也明斯理則可與言修身之道矣

八門五步①

掤南 攦西② 擠東 按北③ 採西北 挒東南 肘④東北 靠⑤西南 方位

坎 離 兌 震 巽 乾 坤 艮 八門

【注釋】

①八門五步：八門之陣，諸葛亮經略中原之陣。唐李靖本諸葛八陣法，創製六花陣。《李衛公問對》曰：「大陣包小陣，大營包小營，隅落鉤連，曲折相對……外畫之方，內環之圓，是成六花。」後世諸儒多以武侯八門、衛公六花，稱陣勢握奇之變。坊間進而訛作八門五花，或五花八門，喻世事之奇幻。

此譜，以拳勢中八個基本勁別，與文王八卦配伍之方位，上下相綜，陰陽交變，再以五行配伍「進退顧盼定」，用以闡述拳勢裡「手眼身法步」的陰陽顛倒，週而復始之理。亦為太極拳，或名「十三勢」，找到了正解。

二水按：爻，「⚊」「⚋」，一陰一陽，代表陰陽氣化，亦有人認為是象徵陰陽生殖器的符號，古人極其智慧地用以對世事萬物內在結構中的變數，做簡要的定性分析，是為兩儀。「⚏」「⚍」「⚎」「⚌」，兩爻互作疊加，像是計算器的二進位法，對結構內不同屬性的變量，做進一步的定量分析，分別為老陰、少陰、少陽、老陽，合稱為四象，用以概況世事萬物發生發展過程中的陰陽消長規律。此譜後文「粘黏連隨」「頂匾丟抗」「輕重浮沉」等，都是在推手實踐中，身手接觸時，對所「聽」到的雙方陰陽之氣，藉此以做定性定量分析。

王符《潛夫論・本訓》：「天本諸陽，地本諸陰，人本中和。三才異務，相待而成」，「天地人」三才，則是古人對結構內的所有變量，作高度提煉與集約的抽象。世事萬物，所有的變數，不外乎「天時」「地利」「人和」。在任何一個結構內，對「天地人」三個層次的參數作出定性定量分析，由此所構建的八個數理模型，那就是八卦：乾（☰）、坤（☷）、巽（☴）、震（☳）、坎（☵）、離（☲）、艮（☶）、兌（☱）。以此數理模型，再與與之相關的另一結構體內部的「天地人」之變量，作「競爭性」的比較分析研究，誠如《易經》說卦所言「立天之道，曰陰與陽；立地之道，曰柔與剛；立人之道，曰仁與義。兼三才而兩之，故易六畫而成卦」，那就構成了六十四卦所蘊含的六十四個數理模型。

譬如兩國交戰，敵我雙方的「天時」「地利」「人和」，相互比較，抽象出各自三個層面的變量，然後就能對一場戰爭做出相對簡要的定性定量分析，以此來決定或戰或和等。從伏羲到文王，古人以此分析世事萬物。

此譜也一依《易經》的這種獨特的思維模式，對武禹襄舞陽鹽店發現的王宗岳《太極拳論》中，「十三勢，一名長拳，一名十三勢」一節，進一步詮釋，並對王宗岳拳論中「掤、攦、擠、按、採、挒、肘、靠」相對應的文王八卦「坎、離、震、兌、乾、坤、艮、巽」，修正為「坎、離、兌、震、巽、乾、坤、艮」。與此同時，首先將拳勢所對應的方位，與文王八卦的方位，作上下相綜的逆應，開宗明義宣示了太極拳的「陰陽顛倒之理」。

②攦西：此本與所見諸本皆如是，疑「攦北」之誤。

③按北：此本與所見諸本皆如是，疑「按西」之誤。

④扌肘：原書如此，現通用「肘」。後同，不另注。

⑤扌靠：原書如此，現通用「靠」。後同，不另注。

方位八門①，乃為陰陽顛倒之理②，周而復始③，隨其所行也。總之，四正四隅，不可不知矣。

【注釋】

①方位八門：掤、攦、擠、按、採、挒、肘、靠八個基本勁別，與文王八卦配伍之方位，上下相綜，陰陽交變，而構建拳勢中的方位八門。

二水按：八門者，文王八卦之方位也。依次為：坎北、離南、兌西、震東、巽東南、乾西北、坤西南、艮東北。其中，坎離兌震，所對應的是北南西東四個正向方位，謂之四正。巽乾坤艮，所對應的分別是東南、西北、西南、東北四個斜角向方位，四隅角也，謂之四隅。

四正之中，從後文「太極進退不已功」之「掤進攦退自然理，陰陽水火相既濟」推斷，拳勢之中，效法聖人，南面而立，掤進時，拳勢為離南，攦退時，拳勢為坎北。擠勢則震東，按勢則兌西。從後文「太極上下名天地」之「若使挒捬習遠離，迷了乾坤遺歎息」句推斷，拳勢之中，挒勢為乾西北，肘勢向坤西南。從「採天靠地相應求，何患上下不既濟」句推斷，採勢西北而順乾天，靠勢西南而應坤地。所以，正確的方位八門，應該更正為：

坎北	離南	兌西	震東	巽東南	乾西北	坤西南	艮東北	文王八卦之方位
掤南	攦北	擠東	按西	採西北	挒東南	捬東北	靠西南	上下相綜後方位

②陰陽顚倒之理：戰國時期的《行氣銘》有云：「行氣，深則蓄，蓄則伸，伸則下，下則定，定則固，固則萌，萌則長，長則退，退則天。天幾舂在上；地幾舂在下。順則生；逆則死。」攝生養生，「順則生，逆則死」，幾成定律。然而，隨著人們對「身心」的進一步瞭解，漢朝以來，逐漸以《道德經》「反者道之動，弱者道之用」為號召，盛行以逆腹式呼吸以推行逆行周天的諸類養生方式，譬喻河車逆運等，逐漸被業內認可與接納。明清間，諸類養生功法，以「陰陽顚倒之理」而達到極致。

陳士鐸《外經微言》「陰陽顚倒篇」云：「陰陽之道，不外順逆，順則生，逆則死也。陰陽之原，即顚倒之術也。世人皆順生，不知順之有死；皆逆死，不知逆之有生，故未老先衰矣。廣成子之敎，示帝行顚倒之術也」「顚倒之術，即探陰陽之原乎。窈冥之中有神也，昏默之中有神也，視聽之中有神也。探其原而守神，精不搖矣。探其原而保精，神不馳矣。精固神全，形安能敝乎？」

《洗髓經》「通關訣」有云：「通關一法，非駕陰陽二蹻不行。陰陽二蹻，乃水之河車，火之輪車，一身氣道之樞紐」「坐定之際，檢點鼻息。一吸入底，一呼即起。呼吸一周，流通灌漑。如波急流，如泉噴吸。上下回環，周流不已。」

後文「太極陰陽顚倒解」，舉水火既濟之例，在胸腹之間，譬之丹爐，對陰陽顚倒之理作了詳盡的說明。

兩卦之中，陰陽之爻，左右相反，謂之相錯。譬如伏義八卦，乾坤☰☷、坎離☵☲、震巽☳☴、艮兌☶☱，伏義之易，其數對待不已者也。兩卦之中，陰陽之爻，上下相反，謂之相綜。譬如坎離☵☲、震兌☳☱、乾坤☰☷、巽艮☴☶。相錯相綜，錯綜複雜，孔穎達疏曰：「錯謂交錯，綜謂總聚，交錯總聚，其陰陽之數也。」

此譜，以文王八卦之方位，與拳勢掤、攦、擠、按、採、挒、肘、靠的四正、四隅八個勁別，作一上一下的陰陽相綜。並進一步用陰陽流行之氣的五行生剋屬性，來分析進、退、顧、盼、定的手眼身法步變化。立意高遠，將簡單的呈一拳一腳之能的武術形式，上升到了一門營魄抱一、返本歸元的性命學問。

拳勢之中，行拳走架，「掤攦化按擠」，循環往復，勢勢相承，也不再是簡單的肢體運動，而是體察身體與周遭空間之間的一氣之流行。兩人推手，你掤我按，你攦我擠，我擠你化。你按我掤，我攦你擠，你擠我化……或你進步按，我退步採攦，你進步靠擠，我轉腰化，我併步閃挒，你併步提掤，我進步按，你退步採攦……兩人各自流行之氣，相互摩蕩，此來知德所謂「有對待，其氣運必流行不已；有流行，其象數必對待而不移」者也。

此譜後文中「口授張三豐老師之言」，借仙尊張三豐之口，將推手中兩人之間這種陰陽之氣的流行與對待，看作是陰陽採戰之學：「於人對戰，坎離之陰陽兌震，陽戰陰也，為之四正；乾坤之陰陽艮巽，陰採陽也，為之四隅。此八卦也，為之八門。身足位列中土，進步之陽以戰之，退步之陰以採之，左顧之陽以採之，右盼之陰以戰之。此五行也，為之五步，共為八門五步也」「以武事傳之而修身也。修身入首，無論武事文為，成功一也」。

③周而復始：周者，密也，又至也，曲也，備也。文王之易，以一氣之流行，自震而離而兌而坎，由東而南而西而北，春夏秋冬，往復不已，以此揭示萬事萬物內在結構的完備體系，以及結構內部變化發展的規律性。

文王之易，謂之「周易」，一者，文王奠基周朝也；二者，亦喻文王易理曲周至密，備極精詳也。復者，䷗下震上坤，地雷為復，雷動於地，寓動於順，一陽眞氣自海底而生，自復卦而臨卦而泰卦，再由泰卦而觀卦而剝卦，逆行而上，陽氣至剝卦，一陽在上，陰盛陽孤，䷗䷒䷊䷓䷖，這是生命現象的一種往復規律。就像由種子而發芽而茁壯而開花而結果，果實而剝落，脫離原先的生命體，以新生命的形式，得以延續。

一個週期，《易經》以六爻為限，所以，七日一個循環，七日來復，揭示了生命體的內在規律，復卦《彖傳》曰：「反覆其道，七日來復，天行也。」這與後文「張三豐承留」所說的「水火既濟焉，顧至戌畢字」相呼應。「畢入於戌」，九月為戌。時序到了九月，萬物畢成，新的果子又將以新的生命體形式，得以繼往開來，常續永綿。

夫掤、攦、擠、按，是四正之手，採、挒、肘、靠是四隅之手。合隅正①之手，得門位之卦，以身分步，五行在意，支撐八面。

五行者②，進步火、退步水、左顧木、右盼金、定之方中土也。

【注釋】

①隅正：「四正為奇偶四隅，舊窺七七古河圖」，「洛書」中，四正之數位1、3、7、9，皆為奇數，而四隅之數2、4、6、8，皆為偶數。在拳勢之中，肩、腰、胯三者之間，齊頭並進，身軀平整位移所產生的勁路變化，為掤、攦、擠、按，是為四正。肩、腰、胯三者之間，像是三級魔術方塊，腰、胯兩層相對固定，而肩這一層面，在腰軸的轉動下，可以或左或右作四十五度運轉，這時身手所體現的勁路變化，為採、挒、肘、靠，是為四隅。

②五行者：家藏本脫「者」字。五行者，金木水火土也。戰國時期，出現了一群人物，

他們材劇志大，見聞博廣。他們企圖建立一套能夠解釋宇宙萬物的架構，用以一統自然界人文社會各方面的次序。這群人，俗稱陰陽家。五行學說，就是他們的根本學說。這套體系，類似於西方的結構主義，或者說是簡樸的同構理論。五行，在他們看來是五種屬性的氣。這氣，因為是活的，流動著的，所以稱之為「行」。這氣，不是具象的，是極其抽象的概念。抽象五行之氣，相生相剋，構成了世事萬物的發展變化。從而今的概念來說，可以是五種基本元素。最早記載五行系統理論的，應該是在《尚書・洪範》之中。隋朝蕭吉的《五行大義》更是將陰陽五行理論推向極致。

夫進退為水火之步，顧盼為金木之步。以中土為樞機之軸，懷藏八卦，腳跐①五行，手步八五，其數十三②，出於自然，十三勢也。名之曰八門五步。

【注釋】

①跐：蹈也，履也，蹋也。

②其數十三：傳統文化對數的理解，並非只是簡單的數字相加。「手步八五，其數十

三」，並非表示手步加起來只有十三個動作，而是具有《易經》數理層面的含義。拳勢之中，四正四隅，是相對不動步的前提下的八種基本勁別，而在具體的動作中，八種勁別，就像是字母，可以數個字母組合成單詞，衍生出各不相同的拳勢變化。這些拳勢，倘若結合進退步法，結合眼睛耳朵在拳勢中所發揮的神態顧盼，手眼身法步，千變萬化，拳勢又為之一變，又能產生幾何級的勁別變化。兵法講「奇正」，拳家講「隅正」，儒家講「權經」。《公羊傳·桓公十一年》云：「權者何？權者反於經，然後有善者也。」《摩訶止觀》第三有云：「權謂權謀，暫用還廢；實謂實錄，究竟旨歸。」經者則，權者變。一為常法，一為變法。此為八門五步之理。

八門五步用功法

八卦五行，是人生成固有之良①。必先明知覺運動②四字之本由。知覺運動得之後，而后③方能懂勁④。由懂勁後，自能接及神明⑤。然用功之初，要知知覺運動，雖固有之良，亦甚難得之⑥於我也⑦。

【注釋】

①固有之良：與生俱來的良知良能。《孟子·盡心上》曰：「人之所不學而能者，其良能也；所不慮而知者，其良知也。」王陽明《傳習錄》卷中：「是蓋性分之所固有，而非有假於外者。」

②知覺運動：作為邏輯概念，「知覺運動」最早是朱熹注釋《孟子·告子》時所提出來的，戴東原批駁朱熹的觀點，他在《緒言》中以答問形式，首次為「知覺運動」做了嚴密的邏輯上的判定。

他說：「知覺運動者……此生生之機，原於天地者也，而其本受之氣，與所資以養者之氣則不同。所資以養者之氣，雖由外而內，大致以本受之氣召之……氣運而形不動者，卉木是也；凡有血氣者，皆形能動者也。由其成性各殊，故形質各殊，則其形質之動，而為百體之用者，利用不利用亦殊。知覺云者，如寐而寤曰覺，心之所通曰知，百體皆能覺，而心之知覺為大。凡相忘於習則不覺，見異焉乃覺。魚相忘於水，其非生於水者，不能相忘於水也，則覺不覺亦有殊致矣。」

③后：此本與家藏本皆作簡體「后」。而同一篇中「知覺運動得之後」及「懂勁後」中

兩「後」字，皆作「後」字。此類同訛同誤的現象，在此兩本拳譜中頗為常見。

④懂勁：語出王宗岳《太極拳論》：「由著熟而漸悟懂勁，由懂勁而階及神明」，此節貫穿戴東原的知覺運動理念，來進一步解釋懂勁。在此理論指導下，推手，就不是以顳頂逞強為能，更非呈角力相撲之技，而是在相互的粘黏連隨之中，克服頂匾丟抗之病，去覺知對手勁力的大小、方向、目標，甚至在對手勁力之將發而未發、預動而未動的端倪，去把握對手的運與動。

「夫運而知，動而覺。不運不覺，不動不知。運極則為動，覺甚則為知」。後文「太極字字解」中，如何處理好「斷接俯仰」，又為眞假懂勁提出了更為詳盡的標準。

⑤神明：《淮南子．兵略訓》：「見人所不見謂之明，知人所不知謂之神。神明者，先勝者也。」戴東原云：「血氣心知有自具之能：口能辨味，耳能辨聲，目能辨色，心能辨夫理義。」他認為，動、植物雖也有知覺運動，但人，本受之氣、所資以生之氣不同。人的固有之良，往往相忘於習，或不覺，迷失固有。見異焉，乃覺。就像魚一樣，悠游在水裡，它就無法感知水的存在；人生活在空氣之中，也感受不到來自空氣的浮力與阻力。但，也只有人，才能認知自然規律的理和作為道德規律的理，在不斷提高認知的前提下，「心之神明，於事物成足以知其不易之則，譬有光皆能照。而中理者，乃其光盛，其照不謬也」，他認

為，人的認識是一個不斷由「精爽」進到「神明」的過程，「精爽」的過程，先自知，後知人，尺寸分毫，由尺及寸，由寸及分及毫，允文允武，允聖允神，當階入「聰明睿聖」時，「心之精爽，有思則通……精爽有蔽隔而不能通之時，及其無蔽隔，無弗通，乃以神明稱之」。

⑥之：家藏本脫「之」字。

⑦雖固有之良，亦甚難得之於我也：《朱熹語類》卷第五十九云：「氣清則能存固有之良心……譬如一井水，終日攪動，便渾了那水。至夜稍歇，便有清水出」「及旦晝，則氣便濁，良心便著不得。如日月何嘗不在天上？卻被些雲遮了，便不明。」

固有分明法

蓋人降生之初，目能視，耳能聽，鼻能聞，口能食。顏色、聲音、香臭五味，皆天然知覺，固有之良。其手舞足蹈，於四肢之能，皆天然運動之良①。思及此，是人孰②無。因人性近習遠③，失迷固有。要想還我固有，非乃④武，無以尋運動之根由，非乃文，無以得知覺之本原。是乃運動而知覺也。

【注釋】

①皆天然運動之良：從知覺運動的角度，將人與生俱來的良知良能，分作「天然知覺之良」與「天然運動之良」兩部分。參「皆天然知覺，固有之良」句，此句或有語詞省略。完整句式擬作：「皆天然運動，固有之良」。

②熟：古文中，「熟」通「孰」。此譜此處與家藏本相同，可溯其傳抄之母本、祖本，或亦與此相同。

③性近習遠：《論語・陽貨第十七》：「子曰：性相近也，習相遠也。」

二水按：命，倘若是一顆種子，性，就像蘊含於木質內在的紋理。同樣一棵黃花梨，內在的紋理相近，但由於生長環境以及生長年份的不同，最終造就的材質就會各不相同。即便是相近材質的黃花梨，由於各自境遇的不同，或作香藥，或作樑棟，或手串，或文玩，或嗅以香，或秀以紋，各盡其性矣。此性近習遠之謂也。孔夫子此「性」，除了上智下愚之外，不做過多的辨析，只是強調，透過學習養成仁愛孝義的「習」，以保持其固有之「性」。再傳到子思而作《中庸》，「天命之謂性，率性之謂道」，「率性」二字，為《孟子》的「性本善」找到了注腳，且以此立論，「善養吾浩然之氣」，為後世儒學者提供了「自我人格」的完善體系，並構建了「其為氣也，至大至剛，以直養而無害，則塞於天地之間」此類，具有「超我」功能的人格結構。

④乃：係「允」之誤。此譜與家藏本訛誤皆同。《詩經・魯頌・泮水》云：「穆穆魯侯，敬明其德。敬慎威儀，維民之則。允文允武，昭假烈祖。靡有不孝，自求伊祜。」後同，不另注。

夫運而知，動而知①。不運不覺，不動不知。運極則為動，覺盛則為知。動知者易，運覺者難。

先求自己知覺運動，得之於身，自能知人。要先求知人，恐失於自己。不可不知此理也，夫而後懂勁然也②。

【注釋】

①知：係「覺」之誤。此本如是，家藏本作「覺」。

②夫而後懂勁然也：上一目「八門五步用功法」中「而後方能懂勁」句之「後」，此本與家藏本皆作「后」，此處兩本皆作「後」。

二水按：覺，乃大腦皮層對外界事物的第一感受。《黃帝內經·靈樞·本神》云：「所以任物者謂之心，心有所憶謂之意，意之所存謂之志。」是「心以任物」的階段。知，則是對「覺」得的外界資訊，經過深思熟慮，所做出的一種判斷。知其然知其所以然也。

《黃帝內經·靈樞·本神》云：「因志而存變謂之思，因思而遠慕謂之慮，因慮而處物謂之智。」由覺而知，是「心以任物」到「心以處物」的飛躍。表面上沒有動靜，內在卻在流行變化，稱之為運。動，乃形體上的變化。此節文辭「運而知，動而覺」「不運不覺，不動不知」等，在傳統文論裡，應視作「參互成文」的現象。以現代人語意來理解，應作「運而知，動而知，運而覺，動而覺」「不運不動，則不覺，不運不動，則不知」。

後文「動知者易，覺運者難」，「求自己知覺運動，得之於身，自能知人」，為王宗岳《太極拳論》「漸悟懂勁」，指明了切實可行的「漸悟」之路：先覺動，再覺運，先知動，再知運；先自覺自知，後覺人知人。

粘黏連隨①

粘者，提上拔高之謂也。黏者，留戀繾綣之謂也。連者，舍②己無離之謂也。隨者，彼走此應之謂也。要知人之知覺運動，非明粘黏連隨不可③。斯粘黏連隨之功夫，亦甚細矣。

【注釋】

①粘黏連隨：李亦畬手抄《王宗岳太極拳論》（郝和珍藏）打手歌之「粘連黏隨不丟頂」、《太極功源流支派論》八字歌之「粘連黏隨俱無疑」「果能粘連黏隨字」，此四字皆作「粘連黏隨」。

二水按：粘、黏兩字在音韻上同為「女廉切」或「尼占切」，發音時，南方人容易混淆，而粘字，在北音裡，又與「之廉切」的沾字相通，且粘字在拳技含義裡有提上拔高之意，所以，此粘字發「沾」音。

推手訓練中，於己、於人，主客體之間，或主動以對，或被動相待，去覺、去知勁力之變化。雙方手與手之間如切如磋，如琢如磨，千變萬化，構成「新的結構」，此譜以《易經》老陰⚏、少陰⚍、少陽⚎、老陽⚌四象理論，像是西方數理裡的象限角，以平面直角坐標系裡的橫軸和縱軸，劃分成四個區域，高度概括了這一「新的結構」內，主客體之間、主被動態勢下所呈現的陰陽氣數。

孫祿堂《太極拳學》第六章甲乙打手合一圖學云：「甲乙二人，將兩形相合，正是兩個陰陽魚合一之太極圖也。」此兩人合一的太極圖中，動之則分，靜之則合，陰陽相摩，八卦相蕩，內裡不同屬性的變數，概括為粘黏連隨四象，這是一種高度集約、高度抽象的定性定量分析法。坊間或有將這類推手訓練，稱之為四象推手，或四相推手，以區別於四正推手、四隅推手等。

粘黏連隨的訓練，旨在把握雙方勁力意氣的運與動，在對手將發而未發、預動而未動的端倪中，去觀照和感觸陰陽消長的機勢。粘，我之於人的主動知覺；黏，我之於人的被動知覺；連，人之於我的主動知覺；隨，人之於我的被動知覺。

②舍：同「捨」，以下同，不另注。

③非明粘黏連隨不可：進一步細化了「粘黏連隨—知覺運動—懂勁—神明」的步驟，為拳學者提供了循序漸進之路。

頂匾丢抗①

頂者，出頭之謂也。匾②者，不及之謂也。丢者，離開之謂也。抗者，太過之謂也。

要知於此四字之病，不但③粘黏連隨，斷不明知覺運動也④。初學對手，不可不知也。更不可不去此病。所難者，粘黏連隨，而不許頂匾丢抗。是所不易矣。

【注釋】

①頂匾丢抗：李亦畬手抄《王宗岳太極拳論》（郝和珍藏）打手歌之「粘連黏隨不丢

頂」之「丟頂」二病，此譜演進為「頂匾丟抗」四病，同時，此譜也將王宗岳的「雙重」之病，細分為重陽二病：頂與抗，重陰二病：匾與丟。兩人在粘黏連隨，對待訓練中，常見的各類不盡人意的意氣勁力變化，此譜用《易經》四象理論，劃分成四種典型的錯誤樣本，為拳學者提供了切實可供糾錯的具體步驟。

二水按：頂，我之於人的過激反應；匾，我之於人的消極反應；丟，人之於我的消極反應；抗，人之於我的過激反應。用「洛書」裡的正隅之合數而論，與人一接手，覺知對手三分勁力，我則以八對之，則頂，以六對之，則丟，我以七待之，則可。覺知對手七分勁力，我則以四待之，則抗，以二待之，則匾，以三待之，則可。

另：此譜與以往拳譜不同的是，以往拳譜多係拳家個體零星的體悟；此譜是在統一理論體系指導下，多以教學的角度，對拳學整個過程做了完整全面多層次的梳理。這在以往文論體系中也極為罕見。

②匾：家藏本誤作「區」。

③但：或係「明」之誤。此本與家藏本訛誤相同。

④要知於此四字之病……斷不明知覺運動也：沈壽點校「萬本」句讀成「要知於此四字之病，不但粘黏連隨之功斷，且不明知覺運動也」，莫名其所指。

對待①無病

頂匾丟抗，失於②對待也。所以③為之病者，既失粘黏連隨，何以獲知覺運動？既不知己，焉能知人？

【注釋】

①對待：易理中，以陰陽之數，或主動或被動，不偏不倚，不將不迎地處理世事萬物，謂之對待。對者，主動也；待者，被動也。《難經．二難》云：「人之一身，經絡營衛，五臟六腑，莫不由於陰陽，而或過與不及，於尺寸見焉……此言尺寸為脈之大要會，以陰陽對待而言也。」陰陽相待者，尺寸也，數也。

二水按：此譜「對待」一詞，連同目錄，合計二十處。自始至終，以易理貫穿拳譜。以「對待無病」以釋王宗岳的「欲避此病，須知陰陽」，顯然已經運用來知德易理之「對待者數也」，來量化分析處理雙重之病了。

②失於：古漢語語境裡，常用於追究過錯原因的語句。意思說，推手時，之所以會犯「頂匾丟抗」，過錯在於沒能以陰陽之數不偏不倚、不將不迎地去對待對手勁力變化。

③所以：此「知其然，知其所以然」之「所以」，前文「失於」已經分析了過錯成因，此「然」也，緊接著「所以」，進一步分析其過錯的根源，此「所以然」也。深層原因有二：其一，沒能體悟粘黏連隨四象變化，所以就不懂知覺運動；其二，沒能在行拳走架中，去知覺自己拳勢的陰陽意氣，所以也難以在推手中，去知覺對手的勁力變化。

所謂對待者，不以「頂匾丟抗」相對於人也，要以「粘黏連隨」等待於人也①。能如是，不但無對待之病，知覺運動自然得矣。可以進於②懂勁之功矣。

【注釋】

①所謂對待者……要以「粘黏連隨」等待於人也：「對待」兩字，拆作如是，在古漢語語境裡，也宜互參其文義。

②進於：進，等也，晉也。登堂入室之謂也。朱熹《孟子集注》孔子在陳章一節云：「狂，有志者也。獧，有守者也。有志者能進於道，有守者不失其身。」

對待用功法守中土① 俗名站樁②

定之方中足③有根，先明四正進退身。
掤擺擠按自四手，須費功夫得其真④。
身形腰頂⑤皆可以，粘黏連隨意氣均⑥。
運動知覺來相應，神是君位骨肉臣⑦。
分明火候七十二⑧，天然乃武並乃文⑨。

【注釋】

①法守中土：法者，常也，象也。指能用以仿效的規矩及法則。《文心雕龍》云：「兵

謀無方，而奇正有象，故曰法。」本譜題簽《太極法說》之「法」，也作如是解。

二水按：此節詳盡解釋了太極拳中最為重要的規矩與法則：守中土。前文「八步五行」云：「五行者，進步火，退步水，左顧木，右盼金，定之方中土也」「以中土為樞機之軸」，中，五行為土。在拳藝中，指的是「樞機之軸」。「樞機之軸」如同象棋裡「將」「帥」，一舉一動，都得賴以「仕」「相」來護衛。拳藝之中，「樞機之軸」也像「將」「帥」一樣，活動區域僅只侷限於一個「仕」「相」護衛的「紫禁城」，此即維繫中軸穩定的「際沿」。如何將自己的「樞機之軸」，在「際沿」範圍內「從心所欲不逾矩」，才是「守中」之常法。

②檣：《說文解字》云：檣，帳極也。檣，指的是帳篷的頂端。《康熙字典》引《集韻》《韻會》云：檣，傳江切，音幢。《玉篇》釋：檣，竿也，或作幢。

二水按：此「站檣」，多被誤作「站樁」或「站樁」，「樁」或「樁」都有腳跟抓地的意思，而「檣」則有腳跟虛靈的概念。

力量的對抗通常有兩種形式，一是頂撞，一是承載。倘若腳跟用力，一定是頂撞的模式，所謂「突柱之式」者。倘若腳跟虛靈，一定是承載的模式。

太極拳，應對兩力相較，一定是承載，而不是頂撞的。從另一角度而言，太極起勢，兩腳站立，有「頭懸樑錐刺股」之意，人彷彿是一件衣服掛下來，而非賴兩腳將身軀支撐起來。此目「定之方中足有根，先明四正進退身」、太極圈之「此為動功非站定，倚身進退並比肩」、王宗岳《太極拳論》裡的「立如秤準，活如車輪」等等，強調的都是腳的輕靈活便，而不是兩腳站煞，滯重。

③足：足者，滿也，止也。係「足夠」之足。

④掤攌擠按自四手，須費功夫得其真：從李亦畬手抄《王宗岳太極拳論》（郝和珍藏）打手歌「掤攌擠按須認眞」句演化而來。

⑤身形腰頂：腰頂與身形是一組相對應的概念。後文「皆」字，足證兩者缺一不可。後一目對此有進一步闡述。

⑥均：均者，平也，勻也，引申為陰陽調和。

二水按：與人接手，接觸處，力求分析出三點或更多的點來，每一觸點，力求受力的均衡，意念之中，假象三點成面，並放大其虛擬之面，以應對之。此為「粘黏連隨意氣均」之妙法。

⑦神是君位骨肉臣：李亦畬手抄《王宗岳太極拳論》（郝和珍藏）十三勢歌作「意氣君來骨肉臣」，義同。以「神」來統領「意氣」，頗有發明。

⑧火候七十二：道學「周天火候」，以「八」為陰之大數，身中脊椎，以天地人劃分成三塊，每塊「八」數，合為二十四椎，以應二十四節氣；每節氣三候，合計七十二候，以應天象在人體內的運用。

火者，心火降服之後，集於會陰，以應七十二候之「冬至三候」。此時，陰盡而一陽初生，此初生之「陽」，謂之眞陽；此火，乃是眞火。此陽，沿著二十四椎，逆行而上，或羊車，或鹿車，或牛車，日夜不分，天機不動，過三關，經九轉，完成一個循環，以合天象一年七十二候之數，是謂之「周天火候」。

⑨天然乃武並乃文：乃為「允」之誤。

二水按：此節明辨「法守中土」，非坐功，也非站定不動的樁功。而是動態的「站樁」，是法守中土的「樞機之軸」。並且強調這「樞機之軸」，需得由「腰頂」的對拉拔長，節節貫穿，方能進退裕如。

在與人對待之時，不僅能占得先機，更能與周天火候的「用功」息息相關。兩者並舉，此乃進階「允文允武」自然之道。

身形腰頂

身形腰頂豈可無，缺一①何必費工夫。
腰頂窮研生不已②，身形順我自伸舒③。
舍此真理終何極，十年數載亦糊塗。

【注釋】

①缺一：與上一目「身形腰頂皆可以」的「皆」合參，明確了「身形」與「腰頂」是缺一不可的兩大原則。此目還分別指明了身形與腰頂的訓練法則。

②腰頂窮研生不已：腰頂的訓練原則在於「窮研」。腰頂，指由尾閭內斂，虛領頂勁，胸腹內動，胸腹貼腰背，讓脊椎節節舒展，身形對拉拔長之後，所形成的中軸，就像是研磨的杵。「生不已」者，「生生不已」之略語。腰頂倘能成為身形中研磨之研杵，「腰頂窮研」，方能成為「身形順我自伸舒」生生不息之動力源泉。誠如孫祿堂所說：「在各式圜研

相合之中，得其妙用矣。」

③身形順我自伸舒：「順我」，指順著「腰頂」窮研。「自伸舒」之「自」，指明了身形是順著腰頂的「軸」動而運作的，腰頂是生生不息的動力之源，而身形的「伸舒」，就像圓規的虛腳，順著圓規實腳支點所畫出來的各類圓弧線。以圓規喻之，身形「抽靠貼沉」後，腰頂成了實軸之研，虛軸在實軸「研」動下，構成了氣如車輪的各式圓弧曲線，此乃孫祿堂所說的「圜」，也即後一目「太極圈」之「圈」也。

拳理要求虛實分明，就是要求肩胯兩軸，像圓規兩腳一樣，分清虛實。兩軸互為虛實，方為研圜相生，圜研相合之理。身形隨著兩軸互換的「搖又轉」中，身形每一關節處，節節對拉拔長，節節貫串，極其舒展之能，此乃極其「伸舒」之能事。

太極圈①

退圈容易進圈難②，不離腰頂後與前。

所難中土不離位③，退易進難仔細研。

此為動功非站定，倚身進退並比肩④。
能如水磨摧急緩⑤，雲龍風虎象周旋⑥。
要用天盤⑦從此覓，久而久之出天然。

【注釋】

①圈：身形在腰頂窮研的帶動下，身形伸舒所構成的勁力運動軌跡與意氣彌漫之圈。虛實相生，一如太極之陰陽魚。

②退圈容易進圈難：與後文的「退易進難」一樣，進退應互參其義，一如易學三易之理：易者，易也；易者，不易也；易者，日月陰陽也。為後文強調「所難」伏筆。

③所難中土不離位：進退圈，說難則難，說易則易。此「所難」者，不止「中土不離位」，還包括「此為動功」「倚身進退」「比肩」等。諸多「難」處，還是向一「研」字仔細探求。

④倚身進退並比肩：拳勢在進退時，須得齊頭並進，平送身軀，以保證身形間架在前後位移時的完整一氣。左右兩軸線互為虛實時，身形或會產生些許俯仰，所以，進身時，兩胯

須得先有進意；後退時，頭有些許後依之勢。此乃倚身比肩之要。

⑤水磨摧急緩：一方面以水磨的軸動原理，形象地說明「研磨」之要，更重要的是須以「覺知」水的「急緩」，而作「運」作「動」。此可為王宗岳《太極拳論》之「動急則急應，動緩則緩隨」句作注腳。

⑥雲龍風虎象周旋：以龍虎與風雲的關係，來摹狀太極圈之體用。孔子釋《易經》乾卦之九五「飛龍在天，利見大人」時說：「同聲相應，同氣相求。水流濕，火就燥，雲從龍，風從虎。聖人作而萬物覩，本乎天者親上，本乎地者親下，則各從其類也。」周旋者，進退揖讓之謂也。

《孟子・盡心下》曰：「動容周旋中禮者，盛德之至也。」進退揖讓的周旋態勢，頗能摹狀兩人你來我往的知覺運動。懂得意氣骨肉、腰頂身形、身形拳勢等等層面的君臣主次之道，也便能明瞭「軸動」與「倚身進退」與「比肩」之理，陰陽虛實，同聲相應，同氣相求，一如風雲周旋，一一皆從龍虎而生，龍虎又得藉風雲而威。此「易者，日月陰陽也；易者，易也」。

⑦天盤：與後文的「地盤」「人盤」，都是借用古代的羅盤來譬喻身形在腰頂軸動下，所構建的三道勁力、意氣之圈。亦可意會作後文的三乘功夫。

二水按：古羅盤中，以「子丑寅卯辰巳午未申酉戌亥」十二支為十二宮，每宮雙山共二層，左旋以應天運，右轉以應天度，以格龍消砂納水之為用，謂之天盤。十二支「子丑寅卯辰巳午未申酉戌亥」，加十天干中的「甲乙丙丁庚辛壬癸」八個天干，另置「戊己」二天干於中間，為中央土，再以文王八卦的四隅卦象：艮東北、巽東南、坤西南、乾西北，構成羅盤上二十四山，此為地盤。

以文王八卦為人盤。每一卦象，各應天運天度，又能分別統帥三山：坎卦統壬子癸三山，為正北；艮卦統醜艮寅三山，為東北；震卦統甲卯乙三山，為正東；巽卦統辰巽巳三山，為東南；離卦統丙午丁三山，為正南；坤卦統未坤申三山，為西南；兌卦統庚酉辛三山，為正西；乾卦統戌乾亥三山，為西北。

而太極拳中，四正四隅，正像是人盤的文王八卦，左旋以應天運，右轉以應天度，再統帥地盤二十四山，而成太極八法。並在來知德「流行者氣，對待者數，主宰者理」的原則下，與文王八卦方位，上下相綜，構建拳勢的方位體系：掤南　攌北　擠東　按西　採西北　挒東南　肘東北　靠西南

太極進退不已功

掤進擴退①自然理，陰陽水火②相既濟。
先知四手得來真，採挒掛攦方可許。
四隅從此演出來，十三勢架永無已③。
所以因之名長拳④。
任君開展與收斂，千萬不可離太極。

【注釋】

①掤進擴退：拳勢方位，以文王八卦方位為基準，以背北面南為起始點。掤處坎位，在羅盤的人盤中，統壬子癸三山，為正北。五行屬水。掤進而向南，南為離卦之位。離卦統丙午丁三山，為正南。五行屬火。擴居離位，在羅盤的人盤中，統丙午丁三山，為正南。五行

屬火。搬退而向北，北為坎卦之位。坎卦統壬子癸三山，為正北。五行屬水。此自然之理也。

②陰陽水火：掤處坎位，五行屬水，進而與離卦之火相遇；搬居離位，五行屬火，退而與坎卦之火相交。此合喬中和《說易》「周天運轉，後升前降，進水退火」之理。進水退火，坎卦☵與離卦☲，上坎下離，陰陽諸爻各得其位，水火既濟䷾矣。

③已：止也，畢也，訖也。此譜「進退不已」「生不已」「永無已」。戴東原《孟子字義疏證》卷中云：「道，猶行也。氣化流行，生生不息，是故謂之道。」

④所以因之名長拳：此句，或係「四隅從此演出來，十三勢架永無已」句之批註，非原詩文辭。四正四隅之八卦，與進退顧盼定之五行配伍，演繹成生生不息的拳勢變化。此「長拳」，非另有拳勢套路之稱也。此目與後文「八五十三勢長拳解」一目，都可作李亦畬手抄《王宗岳太極拳論》（郝和珍藏）中「十三勢，一名長拳，一名十三勢。長拳者，如長江大海，滔滔不絕也」之注腳。

太極上下名天地

四手上下分天地，採挒撅攄①由有去。採天攄地②相應求，何患上下不既濟。若使挒撅習遠離，迷了乾坤遺嘆惜。此說亦明天地盤，進用撅挒歸人字。

【注釋】

①採挒撅攄：此本與家藏本以及《太極功源流支派論》中，撅、攄皆加了提手旁。李亦畬手抄《王宗岳太極拳論》（郝和珍藏）中作「肘」「靠」。

二水按：掤攦擠按的拳技功用，來源於槍棍技法，可以視作徒手器械時所發展的拳技功用。而採挒肘靠，則是拳藝獨立於器械而產生的特有的拳技功用。

在太極拳實踐中，採挒肘靠，倘若以肩、腰胯、膝為三道拳勢勁力「圈」，像是上中下三層的魔術方塊，腰胯正是上下兩圈反向運作的交界處。所以，在拳技實踐中，最好能將腰胯作相對清晰的分離，意念將胯部相對固定不動，然後以腰軸來帶動肩圈作左右向的運轉。或像是羅盤，左旋以應天運，右轉以應天度，兩手、兩肘、兩臂之間的協同，就會演繹出採挒肘靠的種種變化和功用來。

②採天擆地：肩胯膝圈，胯部相對定位，肩胯在腰軸帶動下，左旋右旋的幅度，其實都只有左右各四十五度。所以，採挒肘靠，在文王八卦方位上，就會出現斜角位。採向西北，而應乾位，乾為天。靠向西南，而應坤位，坤為地。此「採天擆地」之謂也。

太極人盤八字歌

八卦正隅八字歌，十三之數不幾何①。
幾何若是無平準②，丟了腰頂氣歎哦。
不斷③要言只兩字，君臣骨肉細琢磨。

功夫內外均不斷，對待數兒④豈錯他。對待於人出自然，由茲往復於地天⑤。但求舍己⑥無深病，上下進退永連綿。

【注釋】

①幾何：數的概稱。意即「多少」「若干」。

②平準：《王宗岳太極拳論》以「立如平準，活似車輪」為身形腰頂之大要。揆平取正，繩直生準。平準係度量水平、垂直的儀器。後文「太極平準腰頂解」一目，以西方輸入的天平為喻，詮釋身形腰頂之要。

③不斷：與後句的「功夫內外均不斷」，以應末句「上下進退永連綿」。拳勢要求，意氣均，勁路連綿不斷。勁路或斷，勁斷意不斷，意斷神可接。

④對待數兒：語出來知德「流行者氣，主宰者理，對待者數」句略出。無論天平，抑或平準，知覺自己與對手的陰陽之數，以此作粘黏連隨之運動。此對待者數也。

⑤對待於人出自然，由茲往復於地天：此目的天盤、地盤、人盤，與上一目的「此說亦

明天地盤，進用掤挒歸人字」一樣，已經將天地人三盤，由單純的羅盤喻身形變化，而進於言天地大道。意思是說，透過太極拳行拳走架與推手的知覺運動，能尺寸分毫，精爽把握對待之數，應物自然時，由此也能夠順應天地之理，精確順應天地間的流行之氣，把握天地間的對待之數。

⑥舍己：《王宗岳太極拳論》「本是捨己從人，多誤捨近求遠」，將能否捨己從人，作為懂勁後須得悉心留意的事項。此譜「但求」以強調其要。

太極體用①解

理②，為精氣神之體③，精氣神④，為身之體；身，為心之用，勁力，為身之用。

心身有一定之主宰者，理也。精氣神有一定之主宰者，意誠也。誠者，天道，誠之者，人道⑤。俱不外意念須臾之間⑥。

【注釋】

①體用：「體用」兩字於太極拳理論，最早見諸李亦畬《王宗岳太極拳論》（郝和珍藏）「十三勢行工歌」之「若言體用何為準，意氣君來骨肉臣」句。談論的是拳技層面，意氣與身軀骨肉之間的體用關係。「身，為心之用」者也。《太極功源流支派論》之「三十七周身大用論」以「性心與意靜」角度詮釋周體之大用。

二水按：程朱理學，以「理」為體，以「象」為用。陸王心學，以性心為理。清初諸儒出入於程朱陸王之間，以身心體用，涉及了「理，為精氣神之體」的層面。「授秘訣」裡以「全身透空」為太極之體，「應物自然」為太極之用，也多從「天人同體之理」來談論體用。此譜闡述太極之體用，更為詳盡，更具備層次條理，且獨具理論體系。這在傳統文論體例中，極為罕見。

②理：玉石內在的脈理。戴震《孟子字義疏證》曰：「理者，察之而幾微，必區以別之名也，是故謂之分理。在物之質曰肌理，曰腠理，曰文理，得其分則有條而不紊，謂之條理……天理云者，言乎自然之分理也。」

二水按：天命，像一顆種子，得父母之身質心賦，得天地之德流氣薄。性理，就像蘊含於木質內在的紋理。

宋明理學的本質，其實就是要求每個生命體，效法以天地自然之理，讓自己生命體內在的紋理，變得最為完美，最為精彩。窮理盡性，以至於命也。

③軆：此目凡用「軆」字六處，除了「體用」「體育」兩處作「體」之外，其他四處皆寫作「軆」。此譜與家藏本也如是，足證兩本所摹之母本或祖本有同一「基因」。「軆」同「體」，後同，不另注。

④精氣神：傳統文化認為，人體軀體百骸，只是一個皮囊，精氣神，才是本體，軀體百骸只是精氣神賴以發揮功用之器。精氣神，體於心，用於身，用於理，潛移默化於每一位中國人的身心之間，構成了傳統中國人獨特的人格結構。

氣，由先天之「炁」與後天之「氣」組成，構成了人格結構中維持「身心」日常運作的行為態勢與基本面貌。孟子說：「吾善養吾浩然之氣」「其為氣也，至大至剛，以直養而無害，則塞於天地之間」，構建了「自我」人格完善體系。

先天至精，一炁氤氳的賦命，構成人格結構中最為本源的元精。五臟六腑在先天之氣與後天之氣的共同作用下，也逐漸生化成後天之精。先天元精，與後天之精，像弗洛伊德所說的力比多，司生殖、化生天癸、主齒髮筋骨、宣發七情六慾的生生不息的生理能量，構建了人格結構中具有「本我」意義的原動力。

原始眞如，一靈炯炯的理性，構成了人格結構中最為基本的元神。《黃帝內經·靈樞·本神》說：「兩精相搏謂之神」，先天之精與後天之精的相互作用，生化成後天之神。先天的元神與後天兩精相搏而生化的神，構成了人格結構中具有「超我」功能、制約引導精氣運行的心理能量。

⑤誠者，天道，誠之者，人道：《孟子·離婁上》云：「誠者，天之道也，思誠者，人之道也。」

⑥俱不外意念須臾之間：《中庸》：「天命之謂性，率性之謂道，修道之謂教。道也者，不可須臾離也。可離，非道也。」

要知天人同體①之理，自得日月流行之氣，其氣意之流行，精神自隱微②乎理矣。夫而後言乃武乃文，乃聖乃神則得矣③。若特以武事論之於心身，用之於勁力，仍歸於道之本也，故不得獨以末技云爾④。

【注釋】

①天人同體：天人同體，或稱天人合一，是儒學反求諸己的自我人格內修、完善的重要立論依據。源出於《孟子・盡心上》：「盡其心者，知其性也，知其性則知天矣」，經過董仲舒「天人感應」、劉禹錫「天人相交」，到明道先生程顥「天人同體」說的正式提出之後，後世儒學者，紛紛從自己的儒學主張去詮釋天人之間所相契合的「點」。張載提出了「天人合一」，天人之間，貌似西方結構主義的同構理論；朱熹認為天人之間，相通的是「天人一理」；陸象山、王陽明一反朱熹「理」說，推崇他們的「天人一心」；王船山以為陽明末流之弊，從陽明本身心學就已起端，他批駁姚江王氏「陽儒陰釋，誣聖之邪說」，於是提出了「天人一氣」說。此譜「要知天人同體之理，自得日月流行之氣」，顯然是有船山學說的影子。

②隱微：典出《中庸》：「莫見乎隱，莫顯乎微」句。隱約細微處顯示道本。機勢端倪一如芽萌於土，隱約有破塊之形。聖人見微以知萌，見端以知末者。

③矣：家藏本脫「矣」字。

④若特以武事論之於心身……故不得獨以末技云爾：現代語境下，或可譯作：「倘若只

是以……仍然能……所以就……」此類句式具有嚴謹的邏輯思辨，為以往傳統文論體例中所罕見。末技：諸技之末者，微不足道之小技。班固《幽通賦》：「非精神其焉通兮，苟無實其孰信。操末技猶必然兮，矧耽躬於道眞。」

二水按：戚南塘初編《紀效新書》十四卷，將「拳經」置之末卷，在葡萄牙人開始以佛郎機等熱兵器開啟海洋霸權的時代裡，戚南塘認為「拳法似無預於大戰之技」之末技，是極具先見之明的。而經過戚南塘整編的拳經三十二勢，後世演進為陳家拳，再進而演進為太極拳，自然已經失去了軍事諸技的含義了。

此譜強調：只是從諸技之末的武事著手，論之於心身，用之於勁力，在一氣流行中，去體悟對待之數，盡其心，知其性，窮其理，將自己對世事萬物的感知覺察能力，由粗入細，逐漸精爽，乃至神明。這樣的末技武事，也仍然能夠讓人進乎道之本。那麼，這種武事，就不能只看作為末技了。太極拳的創立，無疑使得落寞武事末技煥發了新生。

勁由於筋，力由於骨。如以持物論之，有力能執數百斤，是骨節皮毛之外操也，故有硬力。如以全體之有勁，似不能持幾斤，是精氣之內壯也。雖然，若是功成後，猶有妙出於硬力者，修身體育①之道有然也。

【注釋】

①體育：「體育」兩字，古漢語中僅見於《雲笈七籤》卷六十五：「金丹之功……至乃面生玉光，體育奇毛……分形萬變，恣意所為」云云，此育字，係動詞，為生長之意。體育連作「詞語」使用的，未見諸古籍。

二水按：現代漢語許多詞語，多係「借形」。大凡借形有兩種情況：

其一，古漢語本來有該詞，日本人借去後誤解了或者賦予了新的含義，我們的留學生又從日文中借了回來。譬如「同志」「勞動」「封建」「反對」「博士」「學士」等；

其二，日語借用漢語材料構成新詞，我們的留學生們認為比較能夠反映新生事物，因而也直接借用了。譬如「哲學」「共產」「政黨」「支部」「反應」等。

「體育」作為詞語，最早是日本人在翻譯盧梭《愛彌兒》時，採用「移花接木」法，借用漢語材料構造的一個新辭彙。這一辭彙在日本的出現時間為一八六八年，也即日文版盧梭《愛彌兒》出版的時間。

下一目「太極文武解」，將「體育」與「武事」兩概念作對立，以「體」與「用」來詳細拳勢兩概念之間的關聯性，已經將此詞語駕輕就熟，成了此譜非常重要的一個立論概念。

透過此資訊，我們也能斷定，此譜成稿時間不會早於一八六八年。

太極文武解

文者，體也；武者，用也。文功在武，用於精氣神也，為之體育；武功得文，體於心身也，為之武事。

夫文武尤有火候之謂。在放卷得其時中①，體育之本也。文武使於對待之際，在蓄發當其可②者，武事之根也。故云：武事，文為柔軟，體操也，精氣神之筋勁；武事，武用剛硬，武事也，心身之骨力也。

文，無武之豫備③，為之④有體無用；武，無文之侶伴，為之有用無體。如獨木難支，孤掌不響。不惟體育武事之功，事事諸如此理也。

【注釋】

①得其時中：《呂子易說》水山蹇卦云：「育德者，體艮之靜止也；果行者，體坎之剛中也。當行而行，當止而止，內外交養，得其時中之義也深矣。」時中：儒家立身行事準則。合乎時宜，無過與不及之謂也。《中庸》曰：「君子之中庸也，君子而時中。」

②在蓄發當其可：從上下行文「在放卷得其時中，體育之本也」「在蓄發當其可者，武事之根也」來看，「在蓄發當其可」句疑有脫文，或應作「在蓄發適當其可」。

二水按：此節文辭，從朱熹《論孟精義》所引之游酢《游廌山集》一節化出：「有一言而足以盡至治之要，曰中而已。蓋中者，天下之大本也。豈執一云乎哉。不偏不倚，適當其可。譬之權衡之應物曾無心，於輕重抑揚高下，秤抑揚高下，稱物平施，無銖兩之差，此其所以為時中也。」

③豫備：猶準備。《尉繚子・十二陵》：「無過在於度數，無困在於豫備。」

④為之：此目四個「為之」，或係「謂之」之誤。此譜與家藏本皆如是。

文者，內理也；武者，外數也①。有外數，無文理，必為血氣之勇，失於本來面目，欺敵必敗爾。有文理，無外數，徒思安靜之學，未知用的採戰②，差微則亡③耳。自用於人，文武二字之解，豈可不解哉。

【注釋】

①文者，內理也；武者，外數也：《易經》每一卦象，包含理與數。數，是指卦象之中，天地人三個變數中陰陽之氣的定量分析。理，是每一卦象在其所處的陰陽定數下，所折射出來的世事萬物的發展規律。在太極拳實踐中，外數是指推手時，所感知覺到的雙方勁力的運動變化。內理，指的是由推手時的知覺運動，逐漸懂勁，逐漸知覺精爽，逐漸階級神明，乃至盡性立命。後同，不另注。

②採戰：南朝劉宋時期（四二〇—四七九年）某道士撰《三峰採戰房中秘術秘訣》一書，授人在男歡女愛，陰陽交戰之際，採上舌、中乳、下牝戶三峰，以調其情，行九淺一深之法，所謂「戰不厭緩，採不厭頻」，以氣補氣，以人補人。內附諸類藥訣等。以兵法之陰陽戰術，借用作男女歡愛之術。

二水按：從文化學角度來審視，三峰採戰之術，與《素女經》《玄女經》一樣，是傳統文化裡的經典性學論著，且涉及性愛技法、心理及藥理等，較西方性學專著早了數千年。而這些性學專著，在宋明理學時期，飽受辯駁與譴責。

《三豐全書》之「雜說正訛」，也對三峰採戰多有批駁：「三峰採戰之說，多為丹經歷鄙。嘗閱《神仙鑒》，劉宋時有張山峰者，號樸陽子。未入道時，曾授人以房中御女方，天帝惡之，終於草島遊仙」「三峰之術，有宋張紫陽、陳泥丸諸老仙翁皆已斥之，祖師（張三豐）乃元人，不待辨也」。試圖與之撇清界限。

而吊詭的是，此拳譜，雖然也托偽仙尊張三豐之術，後文「口授張三豐老師之言」，也以仙尊張三豐的口吻論理，卻又從三峰御房採戰中，借用採戰概念，推陳出新，一方面用以表述行拳走架時，自身一陽眞氣與身中七十二陰之間的採補關係；另一方面用以表述推手時，兩人之間相互採補陰陽之氣。

對於《三豐全書》中竭力辯駁、撇清界限的「三峰採戰」，此譜別出新解為：「借其身之陰，以補助身之陽……男之身，祇一陽，男全體皆陰女。以一陽，採戰全體之陰女，故云一陽復始……所謂自身之天地，以扶助之，是為陰陽採戰也。」

③差微則亡：微，隱約閃爍的星辰。張衡《靈憲》云：「微星之數，蓋萬一千五百二十」，萬千星辰，隱約閃爍，稍不留意，即亡失旨意。《後漢書・天文志》云：「月之於

夜，與日同而差微。」亡，亡失。「大道以多歧亡羊」，太極之道，也多歧途，稍不留意，也容易丟失羔羊。王宗岳在《太極拳論》裡，苦口婆心云：「斯技旁門甚多」「本是捨己從人，多誤捨近求遠。所謂差之毫釐，謬之千里。學者不可不詳辨焉。」

太極懂勁①解

自己懂勁，接及神明②，為之文成，而后採戰，身中之陰，七十有二③，無時不然，陽得其陰，水火既濟④，乾坤交泰⑤，性命葆真⑥矣。

【注釋】

①懂勁：此目進一步闡述王宗岳《太極拳論》：「由著熟而漸悟懂勁，由懂勁而階及神明」，並與《中庸》「自誠而明」「曲誠而明」兩種境界相印證，分別探索拳藝中「自己懂勁」「與人懂勁」兩個途徑，把太極拳直接與聖人性命之學聯繫起來。

②接及神明：王宗岳《太極拳論》作「階及神明」。

③七十有二：「自己懂勁」的途徑中，當階及神明之後，就能運用自身一陽眞氣與身中七十二陰之間，來作自我「採戰」。詳見「對待用功法守中土」一目中「分明火候七十二，天然允武並允文」句之有關周天火候的注釋。

④水火既濟：《易經》既濟卦。孔穎達疏：「濟者，濟渡之名。既者，皆盡之稱。萬事皆濟，故以既濟為名。」既濟，水火相交，萬事皆成矣。《易經》之未濟，水火未能相交，故萬事尚未成也。陳夢雷《周易淺述》卷三：「坎離為乾坤之繼體。此上經終坎離，下經終既濟未濟之意。而道家亦以人身為小天地，以心腎分屬坎離，而其功用取於水火之既濟。蓋亦從易說而旁通之者也。」

二水按：既濟卦，下離☲上坎☵，異卦相疊䷾。《象》曰：「水在火上，既濟」，《象》曰：「利貞，剛柔正而位當也」「初吉，柔得中也」。未濟卦，下坎☵上離☲，異卦相疊䷿，水在下，火在上，《象》曰：「火在水上，未濟。」未濟與既濟，關鍵在於水火陰陽是否上下顛倒。水潤下，火炎上，此為順，讓潤下之水，逆運而上，不至於漏盡；讓炎上之火，有降服之意，不至於「猛火煮空鐺」，此即道學「顛倒之術」的修身法則。

⑤乾坤交泰：《易經》泰卦，下乾☰上坤☷，異卦相疊䷊，乾為天，坤位地，《象》曰：「天地交，泰。」《象》曰：「泰，小往大來，吉，亨。」天地相交，陰陽交融，萬事

亨通之象。《易經》否卦，下坤☷上乾☰，異卦相疊䷋，天地沒有交融。《象》曰：「天地不交，否。」《象》曰：「則是天地不交，而萬物不通也，上下不交，而天下無邦也。」成語「否極泰來」源出於此。

⑥葆眞：典出《莊子・田子方》。田子方摹狀其師東郭順子：「其為人也眞，人貌而天虛，緣而葆眞，清而容物。」其貌則人，其心則天，順應萬物，而又能保持純眞的本性。

於人懂勁，視聽之際，遇而變化，自得曲誠之妙①。形著明②於不勞，運動覺知③也。功至此，可為攸往咸宜④，無須有心之運用耳⑤。

【注釋】

①曲誠之妙：《中庸》以為，盡性立命之學，有「自誠明」與「自明誠」兩種途徑。自誠明者，率性之謂道。而自明誠者，則需要格物致知，曲盡其理，修道之謂教者。拳藝中，透過與人推手，粘黏連隨，曲盡陰陽對待之理，相互知覺運動，心之精爽，有思則通，而階及神明，此乃曲誠之妙者。

②形著明：《中庸》：「曲能有誠。誠則形，形則著，著則明，明則動，動則變，變則化」句略出。

③運動覺知：「八門五步用功法」等目中，作「知覺運動」。

④攸往咸宜：攸往，《易經》慣用詞。攸者，水行攸攸，流水順其性，則安流攸攸而入於海。往，望也。朗月灑其眞，則清亮皎皎而掛天心。此曲誠著明也。功至此，動靜有方，行止咸宜。

⑤形著明於不勞……無須有心之運用耳：上下兩句，從《莊子・知北遊》：「夫昭昭生於冥冥，有倫生於無形，精神生於道，形本生於精，而萬物以形相生……邀於此者，四肢強，思慮恂達，耳目聰明，其用心不勞，其應物無方」句略出。

八五十三勢長拳解①

自己用功，一勢一式，用成之後，合之為長②，滔滔不斷，周而復始，所以名長拳也。萬不得有一定之架子，恐日久入於滑拳③也，又恐入於硬拳④

也，決不可失其綿軟。周身往復，精神意氣之本，用久自然貫通⑤，無往不至，何堅不摧⑥也。

【注釋】

①此目對「八門五步」「太極進退不已功」兩目之八五十三勢長拳作解。並從行拳走架、推手兩方面，詳細介紹了傳統太極拳的教學體系。

②合之為長：此本與家藏本皆脫「拳」字。擬作「合之為長拳」。

③滑拳：圓而無方，流而不留，動而無準之謂也。

④硬拳：方而無圓，直衝直撞，失其綿軟之謂也。

⑤用久自然貫通：朱熹《大學章句》：「至於用力之久，而一旦豁然貫通焉。」與王宗岳《太極拳論》：「然非用力之久，不能豁然貫通焉」相呼應。

⑥何堅不推：與武禹襄「解曰：運勁如百煉鋼，何堅不摧」呼應。唐順之《武編後集》云：「龍為之變，用無定形；慎詳其意，動與敵乘。勢險節短，如雷如霆；何堅不摧，何難不平。」

於人對待，四手當先，亦自八門五步而來。跕四手①、四手碾磨②、進退四手、中四手、上下四手、三才四手③，由下乘長拳四手起，大開大展，煉至緊湊④，屈伸自由之功，則升之中上成矣。

【注釋】

①跕四手：跕，躡跟為跕。跕四手，指四手相接，原則上不能進退步，步子只是被動地隨著身形軸線的虛實變化，隨進隨退，前則後腳併至前腳，後則前腳隨至後腳。

②四手碾磨：四手相接，兩肘帶動小臂、掌指，相互粘黏連隨，體悟刀掌劍指之意。

③三才四手：四手相接，吞天之氣，接地之力，壽人以柔，「採天撣地相應求」，天地人三才相既濟。

④由下乘長拳四手起，大開大展，煉至緊湊：推手訓練，四手相接，將拳勢的八門五步，如切如磋，如琢如磨，旨在讓知覺運動，由粗及細，漸至精爽，階及神明。此謂對待之理。市井以推手作較技，勢如鬥牛者，何以「升之中上成」焉。

太極陰陽顛倒解①

陽 乾 天 日 火 離 放 出 發 對 開 臣 肉 用 氣 身

武 立命 方 呼 上 進 隅

陰 坤 地 月 水 坎 卷 入 蓄 待 合 君 骨 體 理 心

文 盡性 圓 吸 下 退 正

蓋顛倒之理。水火二字詳之，則可明。如火炎上，水潤下②者，水能使火在下，而用水在上，則為顛倒。然非有法治之，則不得矣。辟如③水入鼎內，而治④火之上，鼎中之水，得火以然⑤之，不但水不能下潤，藉火氣，水必有溫時。火雖炎上，得鼎以隔之，是為有極之地⑥，不使炎上，炎火無止息，亦不使潤下之水永滲漏。此所為⑦水火既濟⑧之理也，顛倒之理也。

【注釋】

①解：判也。從刀判牛角。此目分別從陰陽、乾坤、天地、日月、水火、坎離、捲放、出入、蓄發、對待、開合、君臣、骨肉、體用、理氣、身心、文武、盡性立命、方圓、呼吸、上下、進退、正隅等層面，多角度、多層次地分析太極陰陽顛倒之理。條分縷析，曲誠天人同體之理。

②火炎上，水潤下：《尚書·洪範》云：「五行，一曰水，二曰火，三曰木，四曰金，五曰土。水曰潤下，火曰炎上，木曰曲直，金曰從革，土爰稼穡。」

③辟如：辟，通譬，亦作譬如。《中庸》：「君子之道，辟如行遠，必自邇，辟如登高，必自卑。」

④治：此譜與家藏本皆如是。疑係「置」之音誤。

⑤然：此譜與家藏本皆如是。「然」，古同「燃」。

⑥有極之地：江遹《沖虛至德眞經解卷》釋「康衢謠」之「立我蒸民，莫匪爾極」句云：「以夫立蒸民而會於有極之地，其道乃本於天德而出，寧進於智矣。」

⑦所為：此譜與家藏本皆如是。疑係「所謂」之音誤。

⑧水火既濟：此目可作「太極進退不已功」之「掤進擴退自然理，陰陽水火相既濟」句之注腳。陳夢雷《周易淺述》卷三：「坎離為乾坤之繼體，此上經終坎離，下經終既濟未濟之意。而道家亦以人身為小天地。以心腎分屬坎離，而其功用取於水火之既濟。蓋亦從易說而旁通之者也。」

若使任其火炎上，水①潤下，必至火水必分為二，則為火水未濟②也。故云分而為二，合之為一之理也。故云：一而二，二而一，總斯理為三，天地人也。

【注釋】

①水：家藏本誤作「來」。

②火水未濟：《易經》未濟卦，下坎☵上離☲，異卦相疊䷿，水在下，火在上，《象》曰：「火在水上，未濟。」

明此陰陽顛倒之理，則可與言道。知「道，不可須臾離」①，則可與言人。能以人弘道，知「道不遠人」②，則可與言天地同體。上天下地，人在其中矣。苟能參天察地③，與日月合其明，與五岳四瀆④華朽，與四時之錯行，與草木並枯榮，明鬼神之吉凶，知人事興衰⑤，則可言乾坤為一大天地，人為一小天地也⑥。夫如人之身心，致知格物⑦於天地之知能，則可言人之良知良能⑧。若思不失固有，其功用浩然正氣，直養無害⑨，悠久無疆⑩矣。

【注釋】

①道，不可須臾離：語出《中庸》：「道也者，不可須臾離也。」

②道不遠人：語出《中庸》：「子曰：道不遠人。人之為道而遠人，不可以為道。」

③上天下地，人在其中矣。苟能參天察地：從《中庸》：「能盡物之性，則可以贊天地之化育。可以贊天地之化育，則可以與天地參矣」句化出。

④五岳四瀆：五嶽者，額為南嶽衡山，鼻為中嶽嵩山，顏為北嶽恒山，左顴為東嶽泰山，右顴為西嶽華山。四瀆者，耳為江，口為河，眼為準，鼻為濟。

⑤則可與言天地同體。上天下地，人在其中矣。苟能參天察地，與日月合其明，與五岳四瀆華朽，與四時之錯行，與草木並枯榮，明鬼神之吉凶，知人事興衰：從《易經》文言傳：「夫大人者，與天地合其德，與日月合其明，與四時合其序，與鬼神合其吉凶，先天而天弗違，後天而奉天時」句略出。「知人事興衰」句，擬作「知人事之興衰」。此本與家藏本皆脫「之」字。

⑥乾坤為一大天地，人為一小天地也：張景岳《類經・靈樞・邪客》篇云：「天有四時，人有四肢……天有五音，人有五臟……天有六律，人有六腑……地有十二經水，人有十二經脈……地有泉脈，人有衛氣……歲有十二月，人有十二節……此人與天地相應者也（人身小天地即此之謂）。」《朱子語類》卷第九十五：「易中以天命言，程子就人言，蓋人便是一個小天地耳。」

二水按：在天地同體的思維模式之下，乾坤之大天地，與人身之小天地，具有結構上的同一性。清代醫學家石壽棠（一八〇五—一八六九年）於清咸豐十一年（一八六一年）刊行《醫原》，開篇便以「人身一小天地論」立論，對後世影響至深。後文的「人身太極解」與之頗有契合處。

西方現代理論中格式塔心理學派所演繹出來的「同構理論」認為，當外部事物的存在形式與人視知覺組織活動、人情感以及視覺藝術形式之間，有一種對應關係，一旦這幾種不同領域的力的作用模式，達到結構上的一致時，就有可能激起審美經驗，這就是「異質同構」，也不妨視作「天人同體」理論的迴光返照。

⑦致知格物：亦作格物致知。源出《大學》八目：「格物、致知、誠意、正心、修身、齊家、治國、平天下。」《大學》云：「欲誠其意者，先致其知；致知在格物。物格而後知至，知至而後意誠。」《朱子文集》七十二云：「格物致知，大學之端，始學之事也。一物格則一知至，其功有漸，積久貫通，然後胸中判然不疑所行，而意誠心正矣。」

⑧良知良能：《孟子・盡心上》云：「人之所不學而能者，其良能也；所不慮而知者，其良知也。」

⑨浩然正氣，直養無害：《孟子・公孫丑上》篇，當公孫丑問及「敢問何為浩然之氣」時，孟子曰：「其為氣也，至大至剛，以直養而無害，則塞於天地之間。」後世儒學者以此為「自我人格」完善的內修之學。

⑩悠久無疆：語出《中庸》二十六章：「故至誠無息。不息則久，久則徵。徵則悠遠。悠遠，則博厚。博厚，則高明。博厚，所以載物也。高明，所以覆物也。悠久，所以成物也。博厚，配地。高明，配天。悠久，無疆。如此者，不見而章，不動而變，無為而成。」

所謂人身生成一小天地者①，天也，性也，地也，命也，人也，虛靈也，神也。若不明之者，烏能配天地為三乎。然非盡性立命，窮神達化②之功，胡為乎來哉。

【注釋】

①人身生成一小天地者：天賦與人性，地博養人命，人虛靈以應神也。如是方合「博厚配地，高明配天，悠久無疆」之理。

②盡性立命，窮神達化：性命學說為儒釋道三家共同追尋的人格內修價值體系。參見《太極功源流支派論》授秘歌注釋。

後文「張三豐以武事得道論」以此為此譜之總綱：「能如是，表裡精粗無不到，豁然貫通，希賢希聖之功，自臻於曰睿曰智，乃聖乃神。所謂盡性立命，窮神達化在茲矣。然天道人道一誠而已矣。」

人身太極解①

人之周身，心為一身之主宰。主宰，太極也②。

二目為日月，即兩儀也③。

頭像天，足像地，人中之人及中腕④，合之為三才也。

四肢，四象也⑤。

【注釋】

①人身太極解：以《易經》：「易有太極，是生兩儀。兩儀生四象，四象生八卦」之理，結合太極、二儀、三才、四象、五行、六欲、七情、八卦、九宮、十天干、十二地支之成數，從「天人同體」的角度，來闡釋人身內外身心之理。

《參同契闡幽》乾坤門戶章第一云：「人身具一小天地，其法象亦然。乾為首，父，天之象也。坤為腹，母，地之象也……父母未生以前，圓成周遍，廓徹靈通，本無污染，不假修證。空中不空，為虛空之眞宰，所謂統體一太極也。既而一點靈光，從太虛中來，倏然感附，直入中宮神室，作一身主人，所謂各具一太極也。」

此目也可與「張三豐以武事得道論」相參閱。

②心為一身之主宰，主宰，太極也：此本後「主宰」一詞，疊字略寫成「々々」，家藏本不作略寫。

二水按：「心為一身之主宰」，源出朱熹《答姜叔權》文：「須知心是身之主宰，而性是心之道理……然亦須知所謂識心，非徒欲識此心之精靈知覺也，乃欲識此心之義理精微爾。」心、性在朱熹看來，便是人心與道心。

下文「張三豐以武事得道論」篇云：「蓋未有天地，先有理。理為氣之陰陽主宰。主宰理以有天地，道在其中。陰陽氣道之流行，則為對待。對待者，陰陽也，數也。」

雖托偽仙尊張三豐理論，其實是融合了來知德「流行者氣，主宰者理，對待者數」之論，為程朱理學作注解。

③二目為日月，即兩儀也：「張三豐以武事得道論」云：「耳目手足，分而為二，皆為兩儀，合之為一，共為太極。」從單純的二目為兩儀，演進為以耳目之「良知」，手足之「良能」，「良知良能」合之為兩儀，理論上更加嚴謹縝密。此亦可證此譜成稿或於前後一

段時期，非在一時。

④及中脘：此本與家藏本皆如是。疑係「即中脘」之誤。胃之受水穀者曰脘，《難經・榮衛三焦》：「中焦者，在胃中脘，不上不下。」中脘，人體能量轉化樞紐之所在。以《易經》天地人三才來象人體，頭為天，足為地，中脘便是人了。是人體三才中的人，所以說是「人中之人」。「及」，或「即」之音誤。

⑤四肢，四象也：「張三豐以武事得道論」云：「以足蹈五行，手舞八卦。手足為之四象，用之殊途，良能還原。目視三合，耳聽六道，目耳亦是四形體之一表，良知歸本。」由單純的四肢為四象，演進為由耳目之良知、手足之良能所生發出來的「足蹈五行」「手舞八卦」「目視三合」「耳聽六道」為四象，由此為知覺運動理論，提供了嚴密的邏輯保障。

腎水、心火、肝木、肺金、脾土，皆屬陰；膀光①水、小腸火、胆②木、大腸金、胃土，皆陽也③。茲為內也。顱丁④火、地閣承漿水、左耳金、右耳木、兩命門也⑤，茲為外也。

【注釋】

①膀光：此本與家藏本皆如是。疑係「膀胱」之誤。

②胆：「膽」之簡體字。以下同，不另注。

③也：家藏本作「矣」。

二水按：內五行，以《黃帝內經》陰陽應象理論為依據，為五臟六腑與陰陽五行配伍，五臟主藏精神血氣魂魄，其氣屬陰；六腑主化水穀而行津液，其氣屬陽。十二正經裡，陽經與六腑相關，陰經則與五臟相關。

④顱丁：此本與家藏本皆如是。與下文「地閣承漿水」推論，此疑有脫文，或作：「天庭顱頂火」。「丁」，係「頂」之誤。

⑤兩命門也：此本及家藏本皆如是。結合上文的臟腑內五行以及「天庭顱頂火，地閣承漿水，左耳金，右耳木」來推論，此節講述的是人體頭部的外五行。此「兩命門」者，應該處在人臉的中部，且五行應屬「土」。由此可見，此「兩命門也」句，應該是有脫文的。二水以為，完整的語句或應是「兩鼻竇，命門，土也」。

李時珍在《本草綱目》卷三十四辛夷中則說：「鼻氣通於天，天者，頭也、肺也……腦為元神之府，而鼻為命門之竅……」他認為，命門是兩腎之間，為生命形成之本原，精氣之府，相火的發源地。竅者，空也。誠如兩目為肝竅，口為脾竅，耳為腎竅，舌為心竅，兩鼻竇，則為命門之竅。

李時珍「鼻為命門之竅」說，一改傳統「肺主鼻，在竅為鼻」的觀點。將人的呼吸吐納出入的鼻竇，與兩腎之間的命門發生了關聯性，這顯然比「肺主鼻，在竅為鼻」，在呼吸吐納時，對膈膜的沉降顯得要求更高。

神出於心，目眼為心之苗①；精出於腎，腦腎為精之本②；氣出於肺，胆氣為肺之原③。視思明，心動神流也。聽思聰，腦動腎滑也④。鼻之息香臭，口之呼吸出入，水鹹⑤、木酸、土辣、火苦、金甜。及言語聲音⑥，木亮⑦、火焦、金潤、土㘓、水漂。鼻息、口吸呼之味，皆氣之往來。肺之門戶，肝胆，巽震之風雷。發之聲音，出入五味。此言口、目、鼻、舌、神、意，使之六合，以破六慾也⑧。此內也。手、足、肩、膝、肘、胯，亦使六合，以正六道也⑨，此外也。

【注釋】

①神出於心，目眼為心之苗：《黃帝內經・素問・六節藏象論》曰：「心者，生之本，神之處。」中醫舌診，以舌為心苗。方以智《東西均》云：「氣貫虛而為心，心吐氣而為言，言為心苗，托於文字。」目眼為心之苗，雖與《孟子・離婁上》：「胸中正，則眸子眊焉；胸中不正，則眸子瞭焉」義同，但更接近達芬奇「眼睛是心靈的窗戶」說。

②精出於腎，腦腎為精之本：《黃帝內經・素問・六節藏象論》云：「腎者，主蟄，封藏之本，精之處也。」《黃帝內經・靈樞・五癃津液別》云：「五穀之津液，和合而為膏者，內滲入於骨空，補益腦髓，而下流於陰股。」張介賓注曰：「此津液之為精髓也。膏，脂膏也，精液和合為膏，以填補於骨空之中，則為腦為髓，為精為血。」後世醫家皆持腎藏精，精生髓，髓能充腦說，故多以「腦腎」合稱之，為封藏精之本。

③氣出於肺，胆氣為肺之原：《黃帝內經・素問・六節藏象論》云：「肺者，氣之本，魄之處也。」《黃帝內經・素問・靈蘭秘典論》說：「膽者，中正之官，決斷出焉。」《黃帝內經・素問・六節藏象論》王冰注說：「上從心臟，下至於膽，為十一也。然膽者，中正剛斷無私偏，故十一臟取決於膽也。」程杏軒引《醫參》說：「勇者氣行則止，怯者著留為

疾。經言最宜旁通。凡人之所畏者皆是也，遇大風不畏，則不為風傷；遇大寒大熱不畏，則不為寒熱中；飽餐非出於勉強，則必無留滯之患。氣以膽壯，邪不可干，故曰十一臟取決於膽也。」習俗以「膽氣魄力」並稱。

二水按：上述三句，闡述人身之本體「精氣神」與人身臟腑目眼腦髓的內在機制。

④視思明，心動神流也。聽思聰，腦動腎滑也：《論語》季氏第十六，子曰：「君子有九思，視思明，聽思聰，色思溫，貌思恭，言思忠，事思敬，疑思問，忿思難，見得思義。」此節通過說明心腦腎神與「文思安安」的關聯性，來闡述「身為心之用」。

⑤鹹：古同「鹹」。此本與家藏本皆作此。

二水按：水鹹、木酸、土辣、火苦、金甜，與下文的木亮、火焦、金潤、土瑜、水漂，都是「鼻之息香臭，口之呼吸出入」等眼耳鼻舌身意所感知的氣之五行屬性。古文語境，相參成文，綺互成義。

⑥及言語聲音：此本與家藏本皆如是。疑係倒文。或應在豎排下一行「鼻息、口呼吸之味」之後。兩本「金甜」之後，下一行同一位置，應該就是「鼻息、口呼吸之味」。完整的句式應該作「鼻息、口呼吸之味，及言語聲音，皆氣之往來，肺之門戶」。

⑦木亮：此本如此，家藏本作「木毫」。

⑧此言口、目、鼻、舌、神、意……以破六慾也：此本與家藏本皆如是，或有錯訛處。「口、目、鼻、舌、神、意」疑係「眼、耳、鼻、舌、身、意」之誤。南北朝後，受佛經影響，「眼、耳、鼻、舌、身、意」六根，係心的外緣，能感覺六塵，並形成六識。道家也借用以呼作「六入」或「六靈」。

二水按：此節從《黃帝內經·素問·六節藏象論》入手，借佛道六根六靈，闡述傳統文化中的「精氣神」人格結構中，身心精神魂魄之間的作用機制，藉此來說明「內六合，以破六慾」的修身養性原則。

⑨亦使六合，以正六道也：手、足、肩、膝、肘、胯，肢體中，構建身形間架完善的六大節。六道者，謂耳、目、鼻、口及下體之前後二孔。《管子·君臣下》云：「四肢不通，六道不達，曰失。」借此來說明「外六合，以正六道」的武備動動之法則。

眼、耳、鼻、口、大小便、肚臍，外七竅①也。喜、怒、憂、思、悲、恐、驚，內七情②也。七情皆以心為主，喜心、怒肝、憂脾、悲肺、恐腎、驚膽、思小腸、怕膀胱、愁胃、慮大腸，此內也。

【注釋】

①七竅：《莊子・應帝王》云：「人皆有七竅，以食聽視息。」《黃帝內經・靈樞・脈度》云：「五臟常內閱於上七竅也。故肺氣通於鼻，肺和則鼻能知臭香矣。心氣通於舌，心和則舌能知五味矣。肝氣通於目，肝和則目能辨五色矣。脾氣通於口，脾和則口能知五穀矣。腎氣通於耳，腎和則耳能聞五音矣。五臟不和，則七竅不通。」傳統文化的七竅，通常是指頭面部七個孔竅（眼二、耳二、鼻孔二、口），而此譜則眼、耳、鼻、口再加大小便（肛門、生殖器）、肚臍。

②七情：《禮記・禮運》云：「何謂七情?喜、怒、哀、懼、愛、惡、欲，七者弗學而能。」而《黃帝內經》則以「喜、怒、憂、思、悲、恐、驚」為七情。此譜在《黃帝內經》七情的基礎上，加了「怕膀胱、愁胃、慮大腸」。

夫離，南正　午　火　心經。坎，北正　子　水　腎經。震，東正　卯　木　肝經。兌，西正　酉　金　肺經。乾，西北隅　金　大腸　化水。坤，西

南隅　土　脾　化土①。巽，東南隅　胆　木　化土。艮，東北隅　胃　土化火，此內八卦也②。外八卦者，二四為肩，六八為足，上九下一，左三右七也③。

【注釋】

①化土：此譜及家藏本皆如此。疑「化金」之誤。中醫肝火生脾土，脾土生肺金，脾運化水穀之精氣可以益肺。

②此內八卦也：張景岳《類經》卷二十三，在釋《黃帝內經・素問・天元紀大論》時云：「天有五行以臨五位，故東方生風，木也；南方生暑，火也；中央生濕，土也；西方生燥，金也；北方生寒，水也。人有五臟以化五氣，故心化火，其志喜；肝化木，其志怒；脾化土，其志思；肺化金，其志憂；腎化水，其志恐，而天人相應也。」此節以文王八卦之方位與五行配伍，再結合臟腑之五行生剋，藉此闡述八卦與身心的關聯性。

③外八卦者……左三右七也：以「洛書」之「戴九履一，左三右七，二四為肩，六八為足，以五居中」為外八卦。

坎一、坤二、震三、巽四、中五、乾六、兌七、艮八、離九，此九宮①也。內九宮亦如此。

表裏者，乙肝，左肋，化金通肺。甲胆，化土通脾。丁心，化木中胆通肝。丙小腸，化水通腎。己脾，化土通胃。戊胃，化火通心。後背前胸，山澤通氣②。辛肺，右肋，化水通腎。庚大腸，化金通肺。癸腎，下部，化火通心。壬膀胱，化木通肝。此十天干之內外也③。十二地支亦如此之內外也④。

明斯理，則可與言修身之道矣。

【注釋】

①九宮：在「洛書」的基礎上，以文王八卦及先天數規律組成的正四宮、四維宮和中宮，合之為九宮。

②後背前胸，山澤通氣：艮卦☶為山，兌卦☱為澤，山澤䷞為咸卦䷞。《彖》曰：「咸，感也。柔上而剛下，二氣感應以相與……天地感而萬物化生，聖人感人心而天下和平。觀其所感，而天地萬物之情可見矣。」

③此十天干之內外也：天干十二經表裏歌：「甲膽乙肝丙小腸，丁心戊胃己脾鄉，庚屬大腸辛屬肺，壬屬膀胱癸腎臟，三焦亦向壬中寄，包絡同歸入癸方。」以十天干（甲、乙、內、丁、戊、己、庚、辛、壬、癸）與五臟（脾、肺、腎、肝、心）、六腑（胃、大腸、小腸、三焦、膀胱、膽）相配伍，以天干所蘊含的五行、方位關係（甲陽木、乙陰木屬東方；內陽火、丁陰火屬南方；戊陽土、己陰土屬中央；庚陽金、辛陰金屬西方；壬陽水、癸陰水屬北方），藉此闡述臟腑在「天人同體」前提下的五行生化關係。

二水按：《黃帝內經・素問・刺禁論》篇云：「肝生於左，肺藏於右，心部於表，腎治於裏，脾為之使，胃為之市。」此譜「乙肝左肋」「辛肺右肋」，左肝右肺的理論，不是單純的解剖學的位置概念，而是「天人同體」概念下，臟腑之氣與天地之氣相互交融時的氣交運動的方位。而天地氣交運動的方位，是以「洛書」為基準的。「洛書」配伍人體臟象方位：正北坎，屬水，通腎。腎位正北。正南離，屬火，通心。心位正南。正東震，風雷，通肝。肝位正東。正西兌，澤涼，通肺。肺位正西。中央坤，土陰，通脾。脾居正中。

「洛書」配伍的臟氣升降圖為：心火下降，腎水上濟，肝木左升，肺金右降，脾胃居中，為升降之樞紐。脾之所以升，肝輔之也，肺氣降，胃氣亦隨之降。可參見上文注釋「九宮」。《黃帝內經・靈樞・九宮八風》則有更為詳盡的闡述。

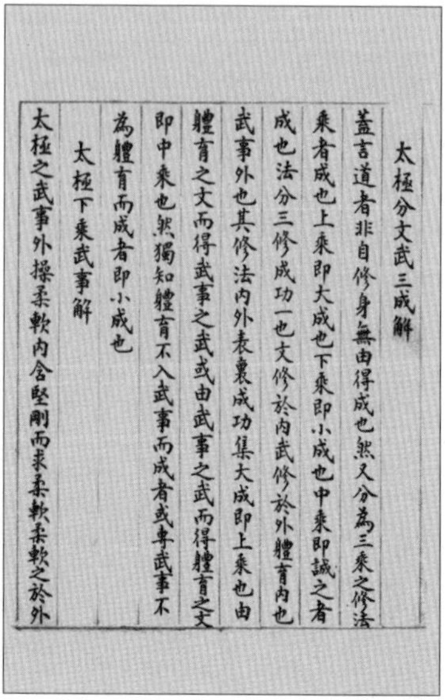
太極分文武三成解

蓋言道者非自修身無由得成也然又分為三乘之修法乘者成也上乘即大成也下乘即小成也中乘即誠之者成也法分三修成功一也文修於內武修於外體育內也武事外也其修法內外表裏成功集大成即上乘也由體育之文而得武事之武或由武事之武而得體育之文即中乘也然獨知體育不入武事而成者或專武事不為體育而成者即小成也

太極下乘武事解

太極之武事外操柔軟內含堅剛而求柔軟柔軟之於外

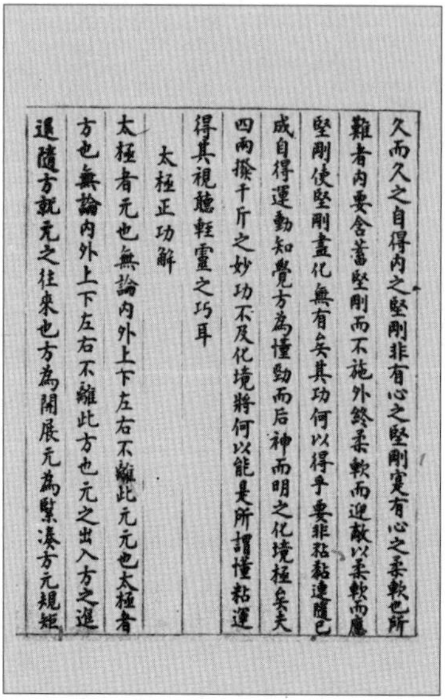
久而久之自得內之堅剛非有心之堅剛實有心之柔軟也所難者內要含蓄堅剛而不施外終柔軟而迎敵以柔軟而應堅剛使堅剛盡化無有矣其功何以得乎要非粘黏連隨已成自得運動知覺方為懂勁而后神而明之化境極矣夫四兩撥千斤之妙功不及化境將何以能是所謂懂粘運得其視聽輕靈之巧耳

太極正功解

太極者元也無論內外上下左右不離此元元也太極者方也無論內外上下左右不離此方也元之出入方之進退隨方就元之往來也方為開展元為緊湊方元規矩

④十二地支亦如此之內外也：地支十二經表裏歌云：「肺寅大卯胃辰宮，脾巳心午小未中，申胱酉腎心包戌，亥焦子膽丑肝通。」十二地支與臟腑配伍後，以十二地支所蘊含的五行生剋關係（子水、丑土、寅木、卯木、辰土、巳火、午火、未土、申金、酉金、戌土、亥水），藉此理解「天人同體」之理。

太極分文武三成解

蓋言道者，非自修身，無由得成①也。

然又分為三乘之修法。乘者，成也。上乘，即大成也。下乘，即小成

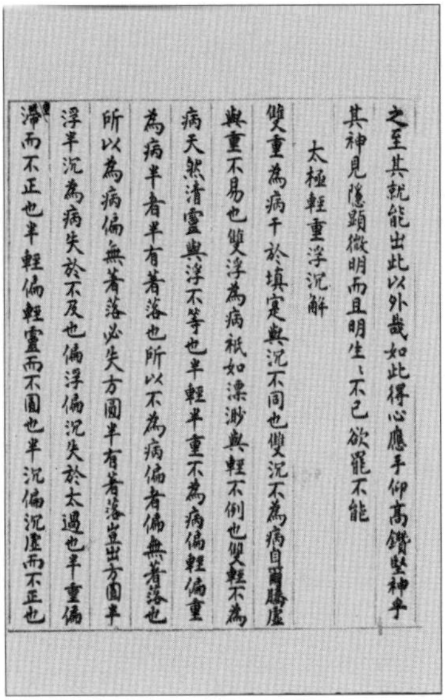
之至其孰能出此以外哉如此得心應手仰高鑽堅神乎
其神見隱顯微明而且明生生不已欲罷不能
太極輕重浮沉解
雙重為病干於填實與沉不同也雙沉不為病自爾騰虛
與重不易也雙浮為病祇如漂渺與輕不例也雙輕不為
病天然清靈與浮不等也半輕半重不為病偏輕偏重
為病半者半有著落也所以不為病偏者偏無著落也
所以為病偏無著落必失方圓半有著落豈出方圓半
浮半沉為病失於不及也偏浮偏沉失於太過也半重偏
滯而不正也半輕偏輕靈而不圓也半沉偏沉虛而不正也

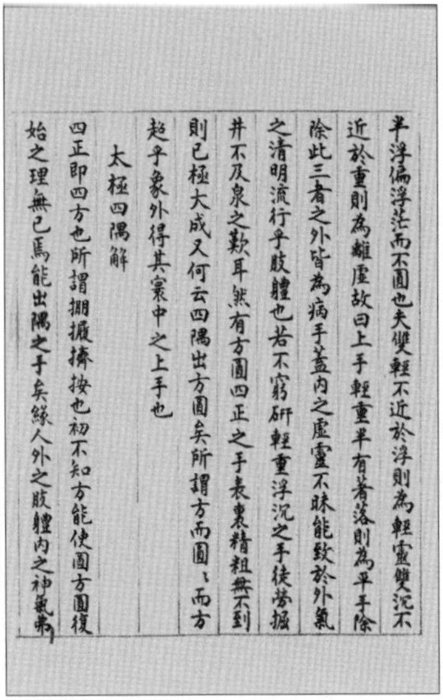
半浮偏浮茫而不圓也夫雙輕不近於浮則為輕靈雙沉不
近於重則為離虛故曰上手輕重半有著落則為平手除
除此三者之外皆為病手蓋內之虛靈不昧能致於外氣
之清明流行乎肢體也若不窮研輕重浮沉之手徒勞掘
井不及泉之歎耳然有方圓四正之手表裹精粗無不到
則已極大成又何云四隅出方圓矣所謂方而圓圓而方
超乎象外得其寰中之上手也
太極四隅解
四正即四方也所謂掤攄擠按也初不知方能使圓方圓復
始之理無已焉能出隅之手矣緣人外之肢體內之神氣輕

也。中乘，即誠之者②成也。

法分三修，成功一也。文修於內，武修於外。體育，內也；武事，外也。其修法內外表裏，成功集大成，即上乘也。由體育之文，而得武事之武，或由武事之武，而得體育之文，即中乘也。然獨知體育，不入武事而成者，或專武事，不為體育而成者，即小成也。

【注釋】

①成：家藏本脫「成」字。

②誠之者：《中庸》二十章說：「誠者，天之道也。誠之者，人之道也。誠者，不勉而

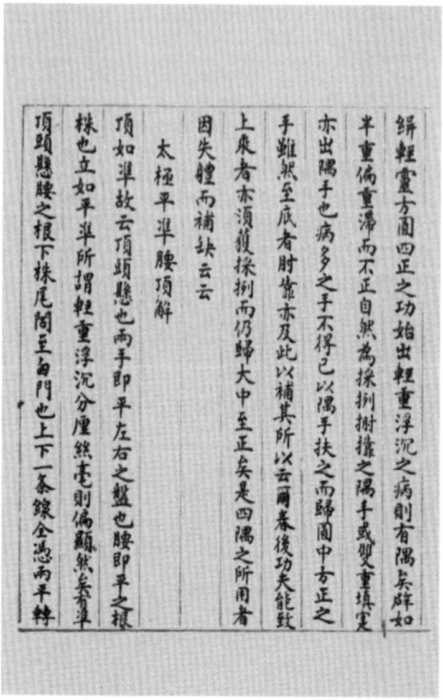
絣輕靈方圓四正之功始出輕重浮沉之病則有隅矣辟如半重偏重滯而不正自然為採挒撾攦之隅手或雙重填實亦出隅手也病多之手不得已以隅手扶之而歸圓中方正之手雖然至底者肘靠亦及此以補其所以云爾春後功夫能致上乘者亦須獲採挒而仍歸大中至正矣是四隅之所用者因失體而補缺云云

太極平準腰頂解

頂如準故云頂頭懸也兩手即平左右之盤也腰即平之根株也立如平準所謂輕重浮沉分釐絲毫則偏顯然矣有準頂頭懸腰之根下株尾閭至囟門也上下一條線全憑兩平轉

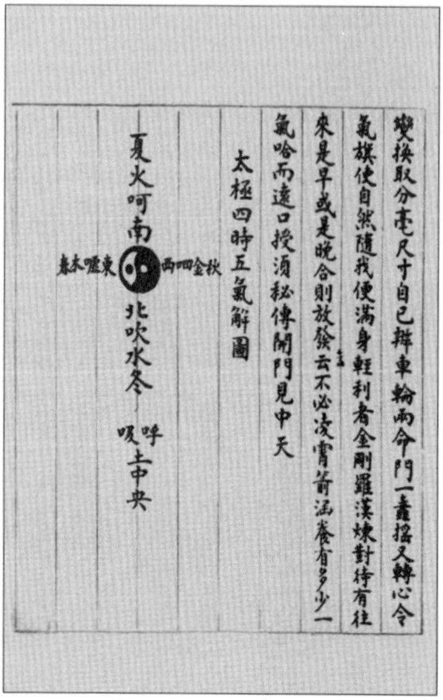
變換取分毫尺寸自己辨車輪兩命門一纛搖又轉心令氣旗使自然隨我便滿身輕利者金剛羅漢煉對待有往來是早或是晚合則放發云不必凌霄箭涵養有多少一氣哈而遠口授須秘傳開門見中天

太極四時五氣解圖

中，不思而得，從容中道，聖人也。誠之者，擇善而固執之者也。」

二水按：誠者，自成。誠者，「不勉而中，不思而得」，乃無為無不為也。誠之者，致曲也，「擇善而固執之者也」，是「太極懂勁解」中所謂「自得曲誠之妙」者也，此有所為，有所不為者也。

太極下乘武事解

太極之武事，外操柔軟，內含堅剛，而求柔軟。柔軟之於外，久而久之，自得內之堅剛。非有心之堅剛，實有心之柔軟也。所難者，內要含蓄，堅剛而不施，外終柔軟而迎敵，以柔軟而應堅剛，使堅剛盡化無有矣。

其功何以得乎。要非粘黏連隨已成，自得運動知覺，方為懂勁，而后神而明之，化境①極矣。夫四兩撥千斤之妙，功不及化境，將何以能是②。所謂懂粘運③，得其視聽輕靈之巧耳。

【注釋】

①化境：語出佛經。釋澄觀《華嚴經疏》卷六云：「佛境界有二：一，如如法性，是佛證境；二，十方國土，是佛化境。」引申為藝術領域出神入化、自然精妙的境界。

②何以能是：「以何能是」的倒置，意思是「憑什麼能夠這樣啊?」是古漢語常用的反詰句式，慣以「非……何以能是」「不……何以能是」等的反問形式，來著重肯定前置之「非」或「不」下的文字內容。

③懂粘運：古漢語「所謂」後的語辭，多為他人語辭或常用慣語、俗語等。「懂粘運」者，或係前文「粘黏連隨、運動知覺、懂勁」三階段的口語簡稱。

太極正功解

太極者，元①也。無論內外上下左右，不離此元元也②。

太極者，方也。無論內外上下左右，不離此方也。

元之出入，方之進退，隨方就元③之往來也。方為開展，元為緊湊，方元規矩之至，其就④能出此以外哉。

如此，得心應手，仰高鑽堅⑤，神乎其神，見隱顯微⑥，明而且明⑦，生生不已，欲罷不能。

【注釋】

①元：「圓」也。此本、家藏本皆俗作「元」。

②不離此元元也：衍一元字，當作「不離此圓也」。

③隨方就元：張景岳《類經》卷十二云：「人事有不齊，品類有同異，知之則隨方就圓，因變而施。」隨方就圓，是指規矩準則爛熟於心之後，順應勢態變化的處事法則。

④就：係「孰」之誤。

⑤仰高鑽堅：從《論語・子罕》第九：「仰之彌高，鑽之彌堅」句略出，仰望夫子之道，高不可及；鑽研夫子之道，堅不可入。借顏淵喟歎孔夫子道德高深，以譬太極拳正功之高深莫測。

⑥見隱顯微：《中庸》：「道也者，不可須臾離也，可離非道也。是故君子戒慎乎其所不睹，恐懼乎其所不聞。莫見乎隱，莫顯乎微。故君子慎其獨也。」子思以為，「道」隨時隨地都在身邊的，只是藏得非常隱蔽、細微，所以必須戒慎恐懼，刻刻留意。

⑦明而且明：此本與家藏本皆如是，係「明而且哲」之誤。語出《詩經・大雅・烝民》：「既明且哲，以保其身」句。明哲：亦作「明喆」，明智睿哲，洞明事理。

太極輕重浮沉解

雙重為病，干於填實①，與沉不同也。雙沉不為病，自爾騰虛②，與重不易也。雙浮為病，祇如漂渺，與輕不例也。雙輕不為病，天然清靈，與浮不等也。

半輕半重不為病，偏輕偏重為病。半者，半有著落③也，所以不為病；偏者，偏無著落也，所以為病。偏無著落，必失方圓，半有著落，豈出方圓。

【注釋】

①干於填實：此本與家藏本皆如是。「干」係「失」字傳抄之誤。

二水按：王宗岳《太極拳論》「偏沉則隨，雙重則滯」中，偏沉專指重陰，雙重則偏指重陽，蓋屬複合偏義。

偏沉則隨，流弊於重陰，有失平準之「立」；雙重則滯，凝積於重陽，有失車輪之「活」。「立」者，即「太極平準腰頂解」中的「平之根株也」，意思是天平的樑柱。偏沉則隨的「隨」，乃隨波逐流之「隨」，而非隨方就圓、隨屈就伸之「隨」。

此目運用《易經》老陰、少陰、少陽、老陽四象理論，對輕與浮、沉與重、偏與半作簡樸的定性定量分析，將太極拳一氣流行於肢體手足時的感受，分作三類十二手：上手二（雙輕、雙沉）；平手一（半輕半重）；病手九（雙重、雙浮、半沉半浮、偏輕偏重、偏浮偏沉、半重偏重、半輕偏輕、半沉偏沉、半浮偏浮）。

②自爾騰虛：自爾，自然。《抱朴子・內篇》卷五至理篇云：「骨塡體輕，故能策風雲以騰虛。」雙重為病，失於塡實，失於骨肉皆實，陰陽不分。而雙沉，骨塡體輕，如離卦☲之中虛也，故能騰虛。李亦畬「論虛實開合」中云：「實非全然站煞，實中有虛；虛非全然無力，虛中有實」，此之謂也。

③著落：《朱子語類》卷十一學五云：「讀書須將心貼在書冊上，逐句逐字，各有著落，方始好商量。大凡學者須是收拾此心，令專靜純一，日用動靜間都無馳走散亂，方始看得文字精審。如此，方是有本領。」

二水按：古人讀書，將「心」貼在書冊上，句句求其出處，字字找其著落。此亦讀書人「專靜純一」「收拾此心」的功夫。

著落，出典，依據也。行拳走架，與人推手，也要將「心」貼在自己身軀四肢，以及推手的身軀四肢上。一式一勢，於自身手足身軀，處處求其勁力的來龍去脈；一舉一動，於人於己，四手四腳之間，時時找到身形的呼應契合。此亦合「人身太極解」：「內六合，以破六慾」「外六合，以正六道」之理。

半浮半沉為病，失於不及也。

偏浮偏沉，失於太過也。

半重偏重，滯而不正也。半輕偏輕，靈而不圓也。

半沉偏沉，虛而不正也。半浮偏浮，茫而不圓也。

夫雙輕不近於浮，則為輕靈。雙沉不近於重，則為離虛①，故曰上手。輕重半有著落，則為平手。除除此②三者之外，皆為病手。

蓋內之虛靈不昧，能致於外氣之清明③，流行乎肢體也。若不窮研輕重浮沉之手，徒勞掘井不及泉之歎④耳。

然有方圓四正之手，表裏精粗無不到，則已極⑤大成，又何云四隅出方圓矣。所謂方而圓，圓而方⑥，超乎象外，得其寰中⑦之上手也。

【注釋】

①離虛：離卦☲中虛之簡稱，或多作「離中虛」，以喻「骨填體輕」的騰虛之勢。

②除除此：此本與家藏本皆如是，衍一「除」字。

③清明：氣之輕清者，或稱清澈明朗之候氣。《荀子・解蔽》云：「人心譬如槃水，正錯而勿動，則湛濁在下而清明在上，則足以見鬚眉而察理矣。」

④徒勞掘井不及泉之歎：典出《孟子・盡心上》：「有為者闢若掘井，掘井九軔而不及泉，猶為棄井也。」

⑤極：此本與家藏本皆如是。蓋「及」之誤。

⑥方而圓，圓而方：此本第二「圓」疊字略寫為「々」。家藏本不作略寫。

⑦得其寰中：源出《莊子・齊物論》：「彼是莫得其偶，謂之道樞。樞始得其環中，以

應無窮。」司空圖《二十四詩品》雄渾：「超以象外，得其環中，持之匪強，來之無窮。」藉以譬喻輕靈超然之境。

太極四隅解

四正，即四方也，所謂掤握擠按也。初不知方能使①圓，方圓復始之理無已，焉能出隅之手矣。緣人外之肢體，內之神氣，弗絣②輕靈方圓四正之功，始出輕重浮沉之病，則有隅矣。辟③如半重偏重，滯而不正，自然為採挒捌靠之隅手。或雙重填實，亦出隅手也。病多之手，不得已，以隅手扶之，而歸圓中方正之手。雖然至底者，肘靠亦及此，以補其所以云爾。

春後功夫能致上乘者④，亦須獲採挒，而仍歸大中至正⑤矣。是四隅之所用者，因失體而補缺云云。

【注釋】

①使：家藏本誤作「始」。

②緝：當作「得」字。此本與家藏本皆錯寫。

③辟：此本與家藏本皆如是，係「譬」之誤。

④春後功夫能致上乘者：春，係上下豎寫的「夫日」兩字，誤抄作「春」字故也。當作「夫日後功夫能致上乘者」。

⑤大中至正：中正安舒，不偏不倚。王陽明《傳習錄》上卷云：「處困養靜，精一之功，固已超入聖域，粹然大中至正之歸矣。」

二水按：此目可參閱「太極正功解」。太極拳方圓相濟，奇正相生之理，多在四正、四隅規矩手中悟得。

葉大密先生《柔克齋太極傳心錄》有云：「練架子須先求其方，後求其圓；推手須先求其圓，後求其方。從此去做，始能事半功倍。」行拳走架，先求其方，旨在構建身軀間架，掌握間架運動過程中的法則。兩人推手，先求其圓，意在力戒頂匾丢抗，在粘黏連隨中知覺運動。日久，方極而圓，圓極而方，方圓循環，始得陰陽變化之理。

太極平準腰頂解①

頂如準②，故云頂頭懸也。兩手，即平左右之盤③也，腰，即平之根株④也。立如平準，所謂輕重浮沉，分厘絲毫則偏，顯然矣。有準，頂頭懸。腰之根下株，尾閭至囟門⑤也。上下一條線，全憑兩平，轉變換取，分毫尺寸，自己辨。

【注釋】

①太極平準腰頂解：此目係對「身形腰頂」「太極圈」「太極人字八字歌」等所涉及「身形」與「腰頂」兩大基本原則做解。行文將「平」「準」兩字，逐字回復到古漢語語境中，一一找到出典，並且以「天平」為喻，巧妙地釋解了《十三勢行工歌》「尾閭正中神貫頂，滿身輕利頂頭懸」句「頂頭懸」，並藉此對王宗岳《太極拳論》「立如平準，活如車輪」做出詳盡的理解。

②準：準者，所以揆平取正也。繩直生準，因之製平物之器。舊時泥工木匠，常以懸一準頭掛於繩端，以衡量上下垂直。

③平左右之盤：平，水土治曰平，因之測地平陂之儀。舊時泥木工常用此類「水平儀」，平整木塊中，置一玻璃管，內有半管水銀。水銀隨地之平陂而動，俗稱「水魂靈」或「水活靈」。此處「平」，則專指衡器「天平」。

二水按：由支點軸，支著天平樑的中間，而形成兩個臂，每個臂上掛著一個盤，其中一個盤裡放砝碼，另一個盤裡放物體，天平樑上指標指向正中刻度時，取其所稱物體之重量。天平稱重的原理，早在陳壽《三國志》魏書中「曹沖稱象」一節多有描述：「置象大船之上，而刻其水痕所至，稱物以載之，則校可知矣。」

南宋吳自牧《夢粱錄》育子一節，載孩子滿周歲行「抓周兒」禮俗，稱：「其家羅列錦席於中堂，燒香秉燭，頓果兒飲食，及父祖誥敕、金銀七寶玩具、文房書籍、道釋經卷、秤尺刀剪、升斗戥子、彩緞花朵、官楮錢陌、女工針線、應用物件、並兒戲物，卻置得周小兒於中座，觀其先拈者何物，以為佳讖。」

此「戥子」是用來專業稱量黃金、白銀及名貴中藥材的微型桿秤。從元曲《陳州糶米》第一折：「拿來上天平彈著，少少少，你這銀子則十四兩」，可知其時已經有「天平」作為衡器了。

在西方，十七世紀中葉，法國數學家洛貝爾巴爾發明了擺動託盤天平。十九世紀二〇年代，倫敦人羅賓遜，開始設計和製造分析天平，西方才開始使用有刻度橫樑和遊碼的天平。同時期，此類天平也與鐘錶一起，引入清宮廷。

④根株：擺動託盤天平中，支撐天平刻度橫樑的「支點軸」。

二水按：頂頭懸與腰尾閭正中，上下對拉拔長後，腰頂就形成了這一「支點軸」，雙手如同掛在刻度橫樑上，吊著兩個託盤的兩臂。推手時，對手勁力作用在兩手上，就像被稱重物與砝碼在天平兩託盤上一樣，輕重沉浮，立刻就在刻度橫樑和遊碼上顯示出來。這是對王宗岳《太極拳論》之「立如平準」的形象詮釋。

⑤囟門：嬰兒頭頂骨未合縫處，也稱腦門、頂門。程俱《北山小集》卷十七云：「遇異人得養生術，囟門已開，故云出入崑崙。」

車輪兩，命門①一，纛②搖又轉，心令氣旗，使自然，隨我便③。滿身輕利者，金剛羅漢煉。對待有往來，是早或是晚。合則放發云④，不必凌霄⑤箭。涵養有多少，一氣哈而遠。口授須秘傳，開門見中天。

【注釋】

①命門：李時珍《本草綱目》卷三十之胡桃云：「三焦者，元氣之別使；命門者，三焦之本原。蓋一原一委也。命門指所居之府而名，為藏精繫胞之物。三焦指分治之部而名，為出納腐熟之司。蓋一以體名，一以用名。其體非脂非肉，白膜裹之，在七節之旁，兩腎之間，二繫著脊，下通二腎，上通心肺，貫屬於腦，為生命之原，相火之主，精氣之府。人物皆有之，生人生物，皆由此出。《靈樞・本臟論》已著其厚薄緩結之狀。」

二水按：傳統中醫限於解剖學的落後，「其體非脂非肉，白膜裹之」云云，自然不足採信。但李時珍將三焦與命門合二為一，一原一委，一體一用，上通心肺，下通二腎，「藏精繫胞」「出納腐熟」「為生命之原，相火之主，精氣之府」等等，對後世的命門學說以及太極拳理論的完善起到了至關重要的作用。

傳統中醫中的「命門」學說，到了明季趙獻可、張景岳才得以完善。趙獻可被尊為「命門」學派的創始人，他學尊東垣、薛己，主張「命門乃人身之君」，「乃一身之太極，無形可見，兩腎之中是其安宅」。

人稱「張熟地」的張景岳，私淑溫補學派前輩人物薛己，認為陰與陽這一對立統一體中，陽是起主導作用的，提出「陽強則壽，陽衰則夭」，而陽氣之根在命門，命門主乎兩腎，所以養陽必須養命門。

他說：「命門主乎兩腎，而兩腎皆屬於命門。故命門者為水火之府，為陰陽之宅，為精氣之海，為死生之竇，若命門虧損，則五臟六腑皆失所恃，而陰陽病變無所不至。」他在《類經》附翼中強調：「故命門者，為水火之府，為陰陽之宅，為精氣之海，為死生之竇」。

其實，他們的命門學說，無不深受李時珍的影響。

此譜「人身太極解」「太極平準腰頂解」兩目，都出現「兩命門」一詞。傳統中醫理論，從《黃帝內經》一直到後世的《類經》，雖然命門所指沒有定論，但不管是「其左者為腎，右者為命門」，還是「命門主乎兩腎，而兩腎皆屬於命門」，抑或「在七節之旁，兩腎之間」，命門，只有一個！這一點，是無可爭議的。

「人身太極解」之「兩命門也」，結合上文，應該是「兩鼻竇，命門，土也」句的脫文。此節「車輪兩命門」，係句讀所誤。

②纛：毛羽幢也，在乘輿車衡左方上，古時軍車或儀仗車上的大旗。

③車輪兩……隨我便：此本無句讀，家藏本句讀成五言四句：「車輪兩命門，一纛搖又

轉，心令氣旗使，自然隨我便」，「車輪兩命門」的兩個命門，成為拳譜秘中之秘，一直無解。

二水按：承上節釋解王宗岳《太極拳論》之「立如平準」後，此節旨在詳解「活如車輪」。後附《太極拳手冊》中楊健侯贈貽田兆麟拳譜之此節文字，面目可親，釋解也非常到位：「頂如準，故曰頂頭懸也。二手，即平左右之盤也。腰即平之根株也。若平準稍有分毫之輕重浮沈，則偏顯然矣。故習太極拳者，須立身中正，有如平準。使頂懸腰鬆，尾閭中正，上下如一線貫串。轉變全憑二平，分毫尺寸，須自己細辨。默識揣摩，融會於心，迨至精熟，自能隨感斯應，無往不宜也。車輪二，命門一，纛搖又轉，心令氣旗，使自然，隨我便。滿身輕利者，金剛羅漢煉。對待有往來，是早或是晚。合則發放去，有如凌霄箭。滋養有多少，一氣哈而遠。口授須秘傳，開門見中天。」

④云：「去」字之傳抄誤。家藏本作「去」。

⑤凌霄：浩氣凌雲也。明人袁衷《過渡遼河》：「孤身在客心懸闕，寶劍凌霄氣吐虹。」

太極四時五氣解圖①

【注釋】

①太極四時五氣解圖：此四時五氣解圖，係出六字氣訣。陶弘景《養性延命錄·服氣療病》篇、孫思邈《千金要方》均有所載。宋人據以編作歌訣，明清衛生圖集，諸如《修齡要旨》《遵生八箋》《赤鳳髓》《類修要訣》等也多備載。

《赤鳳髓》載「四季養生歌」云：「春噓明目木扶肝，夏至呵心火自閑，秋呬定收金肺潤，腎吹唯要坎中安。三焦嘻卻除煩熱，四季常呼脾化飧，切忌出聲聞口耳，其功尤勝保神丹。」《赤鳳髓》載「去病延年六字法」：去病延年六字法（其法以口吐鼻取）總訣：肝若噓時目掙睛，肺知呬氣手雙擎。心呵頂上連叉手，吹腎還知抱膝平。脾病呼時須撮口，三焦客熱莫生驚。仙人嘻字眞玄秘，日日行功體漸寧。此本與家藏本皆將「嘻」誤作「吸」。家

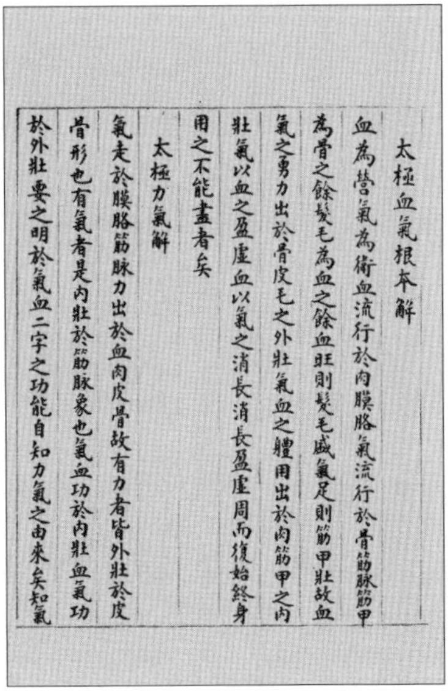
太極血氣根本解
血為營氣為衛血流行於肉膜胳氣流行於骨筋脉筋甲
為骨之餘髮毛為血之餘血旺則髮毛盛氣足則筋甲壯故血
氣之勇力出於骨皮毛之外壯氣血之體用出於肉筋甲之內
壯氣以血之盈虛血以氣之消長消長盈虛周而復始終身
用之不能盡者矣
太極力氣解
氣走於膜胳筋脉力出於血肉皮骨故有力者皆外壯於皮
骨形也有氣者是內壯於筋脉象也氣血功於內壯血氣功
於外壯要之明於氣血二字之功能自知力氣之由來矣知氣

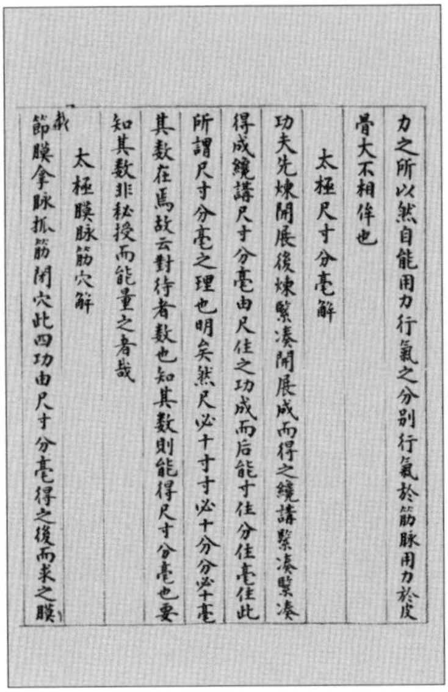
力之所以然自能用力行氣之分別行氣於筋脉用力於皮
骨大不相侔也
太極尺寸分毫解
功夫先煉開展後煉緊湊開展成而得之纔講緊湊緊湊
得成纔講尺寸分毫由尺住之功成而后能寸住分住毫住此
所謂尺寸分毫之理也明矣然尺必十寸寸必十分分必十毫
其數在焉故云對待者數也知其數則能得尺寸分毫也要
知其數非秘授而能量之者哉
太極膜脉筋穴解
節膜拿脉抓筋閉穴此四功由尺寸分毫得之後而求之膜

藏本將「呬」字誤作「四」字。

太極血氣根本解

血為營，氣為衛①。血流行於肉膜胳②，氣流行於骨筋脈。筋甲為骨之餘，髮毛為血之餘。血旺則髮毛盛，氣足則筋甲壯。故血氣之勇③，力出於骨，皮毛之外壯。氣血之體，用出於肉，筋甲之內壯。氣以血之盈虛，血以氣之消長④。消長盈虛，周而復始，終身用之，不能盡者矣。

若節之血不周流脉若拿之氣難行走筋若抓之身無主地穴若閉之神昏氣暗抓膜節之半死申脉拿之似亡單筋抓之勁斷死穴閉之無生揔之氣血精神若無身何有主也如能節拿抓閉之功非得點傳不可

太極字字解

推柔捶打（於己於人）按摩推拿（於人己）開合升降（於人己）此十二字皆用手也屈伸動靜（於人己）起落急緩（於人己）閃還撩了（於人己）此十二字於己氣也於人手也轉換進退（於己身人步）也顧盼前後（於己目也人手也）即瞻前眇後左顧右盼也此八字關乎神矣斷接俯仰此四字關乎意勁也接關乎神氣也俯仰關乎手足也勁斷意不斷意斷神可接勁意神俱斷則俯仰矣手足無著落耳俯為一叩仰為一反而已矣不使叩反非斷而復接不可對待之字以俯仰為重時刻在心身手足不使斷之無接則不能俯仰也求其斷接之能非見隱顕微不可隱微似斷而未斷見顯似接而未接接ゝ斷ゝ斷ゝ接ゝ其意心身體神氣極於隱顯又何慮不粘黏連隨哉

太極節拿抓閉尺寸分毫辯

對待之功既得尺寸分毫於手則可量之矣然不論節拿抓閉之手易若節膜拿脉抓筋閉穴則難非自尺寸分毫量之不可得也節不量由按而得膜拿不量由摩而得脉抓不量由推而得拿閉非量而不能得穴由尺盈而縮之寸分毫也此四者雖有高授然非自己功夫久者無能貫通焉

太極補瀉氣力解

補瀉氣力於自己難補瀉氣力於人亦難補自己者知覺功虧則補運動功過則瀉所以求諸己不易也補於人者氣過則補之力過則瀉之此勝彼敗所由然也氣過或瀉力過或補其理雖一然其有詳夫過補為之過上加過過瀉為之緩他不及他必更過仍加過也補氣瀉力於人之法均為加過於人矣補氣名曰結氣法瀉力名曰空力法

【注釋】

①血為營，氣為衛：《黃帝內經・靈樞・營衛生會》篇云：「人受氣於穀，穀入於胃，以傳與肺，五臟六腑，皆以受氣，其清者為營，濁者為衛。」《難經》第三十二難云：「心者血，肺者氣，血為

榮，氣為衛。」《難經》之此「榮」，即《靈樞》之此「營」。徐大椿《難經經釋》卷下，直接將「榮」改作「營」：「心者血，肺者氣，血為營，氣為衛。」

②胳：此處的「肉膜胳」與下句「骨筋脈」相對應，此「胳」，當係「絡」之誤。此本與家藏本皆如是。

③勇：《黃帝內經·靈樞·營衛生會》篇云：「勇士者，目深以固，長衝直揚，三焦理橫，其心端直，其肝大以堅，其膽滿以傍，怒則氣盛而胸張，肝舉而膽橫，眥裂而目揚，毛起而面蒼，此勇士之由然者也。」人之勇怯，在《黃帝內經》看來，都是與三焦所主之血氣相關。此係後世《易筋經》《洗髓經》等勇往無懈的理論根基。

④氣以血之盈虛，血以氣之消長：《難經本義》：「氣中有血，血中有氣，氣與血不可須臾相離，乃陰陽互根，自然之理也。」《醫論三十篇》：「氣陽而血陰，血不獨生，賴氣以生之；氣無所附，賴血以附之。」吳澄《不居集》：「一身氣血，不能相離，氣中有血，血中有氣，氣血相依，循環不已。」

太極力氣解

氣走於膜胳筋脈，力出於血肉皮骨。故有力者，皆外壯於皮骨，形也①。有氣者，是內壯於筋脈，象也②。氣血③功於內壯，血氣④功於外壯。要之明於氣血二字之功能，自知力氣之由來矣。知氣力之所以然，自能用力行氣之分別。行氣於筋脈，用力於皮骨，大不相侔⑤也。

【注釋】

①故有力者，皆外壯於皮骨，形也：《易筋經・內壯論》（來章氏本）云：「若或馳意於各肢，其所凝積精氣與神，隨即走散於各肢，即成外壯，而非內壯矣。」

②有氣者，是內壯於筋脈，象也：《易筋經・內壯論》（來章氏本）云：「人身之中，精氣神血不能自主，悉聽於意，意行則行，意止則止」「所以積氣，氣既積矣，精神血脈悉皆附之。守之不馳……氣積而力自積，氣充而力自周。此氣即孟子所謂至大至剛，塞乎天地

之間者，是吾浩然之氣也。」

二水按：此譜沿用《易筋經》內壯、外壯論，也以一氣來區分內外。但太極拳在對待「氣」上，與《易筋經》截然不同。《易筋經》著意於「守」字，著手於「揉」字，以玉環穴為命脈根蒂；而太極拳以命門與鼻竇為能量轉換的樞機，以一氣之流行對待為陰陽顛倒之法則，以知覺運動，進階至精爽，階及神明為盡性立命之途徑。

③氣血：複合偏義，偏指「氣」。氣者，「氣積而力自積，氣充而力自周」，氣以直養而無害者也。

④血氣：複合偏義，偏指「血」。「若或馳意於各肢，其所凝積精氣與神，隨即走散於各肢」者也。

⑤侔：齊等也。

二水按：武禹襄拳藝講論流傳於楊家的諸多傳抄本，大凡是據武禹襄最終改定「解曰」之前時的初稿本而抄得。因為武禹襄的「解曰」中，已將「有氣者無力，無氣者純剛」改定為「尚氣者無力，養氣者純剛」。而陳微明本等所有楊家傳抄本，依然是抄作「有氣者無力，無氣者純剛」。此目，或可為「有氣」論作自圓其說。

太極尺寸分毫解

功夫，先煉開展，後煉緊湊①。開展成而得之，纔講緊湊。緊湊得成，纔講尺寸分毫。由尺住之功成，而后能寸住、分住、毫住②。此所謂尺寸分毫之理也，明矣。

然尺必十寸，寸必十分，分必十毫，其數在焉。故云，對待者數③也。知其數，則能得尺寸分毫也。要知其數，非秘授而能量之者哉。

【注釋】

①先煉開展，後煉緊湊：此譜「八五十三勢長拳解」云：「由下乘長拳四手起，大開大展，煉至緊湊，屈伸自由之功，則升之中上成矣。」「太極正功解」曰：「方為開展，圓為緊湊，方圓規矩之至，其孰能出此以外哉。」此目以「對待者數也」為立論依據，詳解太極

拳在先方後圓，先開展、後緊湊的過程中，知覺運動的精爽程度逐步漸進的過程。

②住：「由尺住之功成，而後能寸住、分住、毫住」句，此本與家藏本皆作「住」，而澄本作「進」，或係繁體「進」字之錯訛。

二水按：「進」字在豎排手抄本中，或易誤作「住之」。此完整句式或應作：「由尺進功成，而後能寸進、分進、毫進」。進，登也，升也。《易經》乾卦：「君子進德修業。」《莊子·養生主》云：「臣之所好者，道也，進乎技矣。」尺、寸、分、毫，為推手時由覺而知，覺動而知運，乃至精爽、神明提供了進階之途。《太極拳手冊》中楊健侯贈貽田兆麟拳譜中，此節文辭淺易平和：「功夫先煉開展，後煉緊湊。緊湊之後，再求尺寸分毫。由尺而寸而分而毫。蓋慎密之至，不動而變也。」

③對待者數：源出來知德《周易集注》篇首「來瞿唐先生圓圖」之附釋義：「流行者氣，主宰者理，對待者數。」來知德云：「伏羲之圖，易之對待，文王之圖，易之流行。而德（來知德）之圖，不立文字，以天地間理、氣、象、數不過如此，此兼對待、流行、主宰之理，而圖之也。」「伏羲之易，易之數也，對待不移者也」「文王之易，易之氣也，流行不已也」「有對待，其氣運必流行而不已。有流行，其象數必對待而不移」。來知德的易學理論，成為此譜重要的立論依據，也構成陳鑫、杜育萬論著的理論基石。

二水按：行拳走架，不但要以心行氣，以氣運身，處處設假想敵，拳勢的每一招式，方能有對待之意。另一方面，還要凝神斂氣，悉心去知覺身形在周遭空氣裡的浮力。這是自知自覺的功夫。兩人對待之時，覺知對手勁力的陰陽變化，自己勁力也隨之以最為合適的陰陽之數，去對之，或待之，就像「洛書」裡的正隅之合數，一與九對，三與七對，八以待二，六以待四。與人一接手，覺知對手九分勁力，我則以一對之，覺知對手二分勁力，我則以八待之。對手三分勁力，我六則不及，我八則過。

此為覺人知人的功夫，此乃尺寸分毫的進階之途。久而久之，便能由此而懂勁；由懂勁，階及神明後，心由任物，而處物，而應物，乃至應物自然。此《莊子・知北遊》所謂：「夫昭昭生於冥冥，有倫生於無形，精神生於道，形本生於精，而萬物以形相生……邀於此者，四肢強，思慮恂達，耳目聰明，用心不勞，其應物無方」也。

太極膜脈筋穴①解

節膜、拿脈、抓筋、閉穴，此四功，由尺寸分毫得之後而求之。

膜若節之，血不周流。脈若拿之，氣難行走。筋若抓之，身無主地。穴若閉之，神昏氣暗。

抓膜節之半死，申脈②拿之似亡，單筋抓之勁斷，死穴③閉之無生。

揔④之，氣血精神若無，身何有主也。如能節拿抓閉之功，非得點傳不可。

【注釋】

①膜脈筋穴：中醫以為，人體五臟六腑與肢體百骸之間，膜、脈、筋、穴，是互通表裡的四個層面聯絡方式。與之相應的節、拿、抓、閉，則是太極拳在推手實踐中，通過制約對手肢體表層，進而達到制約對手全身的四種武技手段。下文「太極節拿抓閉尺寸分毫解」「尺寸分毫在懂勁後論」都是層層遞進，旨在闡述節拿抓閉之技法。

二水按：膜，幕也，幕絡一體也。膜在肉裡也，在人者不可得見也。中醫或稱「膜原」「募原」。《黃帝內經・素問・瘧論》篇云：「其間日發者，由邪氣內薄於五臟，橫連募原也，其道遠，其氣深，其行遲，不能與衛氣俱行，不得皆出，故其間日乃作也。」

《黃帝內經·素問·舉痛論》篇云：「寒氣客於腸胃之間，膜原之下，血不得散，小絡急引故痛，按之則血氣散，故按之痛止。」

《黃帝內經·靈樞·百病始生》云：「是故虛邪之中人也，始於皮膚，皮膚緩則腠理開，開則邪從毛髮入，入則抵深，深則毛髮立，毛髮立則淅然……留而不去，傳舍於腸胃之外，募原之間，留著於脈，稽留而不去，息而成積。或著孫脈，或著絡脈，或著經脈，或著輸脈，或著於伏衝之脈，或著於膂筋，或著於腸胃之募原，上連於緩筋，邪氣淫泆，不可勝論。」

《易筋經》以煉膜為易筋、易骨、易髓之先，借般刺密諦之名，闡述了膜與筋之間的關係：「此膜人多不識，不可為脂膜之膜，乃筋膜之膜也。脂膜，腔中物也。筋膜，骨外物也。筋則聯絡肢骸，膜則包貼骸骨。筋與膜較，膜軟於筋；肉與膜較，膜勁於肉。膜居肉之內，骨之外，包骨襯肉之物也。其狀若此，行此功者，必使氣串於膜間，護其骨，壯其筋，合為一體，乃曰全功。」

經絡，是營氣、衛氣，聯繫臟腑和體表及全身各部的通道。穴位，則是經絡通衢中的重要驛站。

經絡，奇正相生，經緯交融。李時珍《奇經八脈考》云：「蓋正經猶夫溝渠。」這十二正經就像十二條河流。這些河流，都有發源，都有流經流向。十二正經由臟腑發源，流經手腳，直接將臟腑與軀體肢體發生了關係。

所以在臨床診斷中，藉助經絡學說，醫生可以透過有形的肢體百骸，來瞭解無形的臟腑系統內的陰陽辯證；也能透過調控有形的肢體百骸，進而來調控無形的臟腑系統的陰陽平衡。這裡聯絡有形與無形的介體，就是一種無形的能量：氣。

西方醫學，講求實證，用解剖的方式來尋找脈絡，一刀下去，只見骨頭、肌肉、肌腱、血管、神經末梢等，無法找到經絡。

其實，身軀內的骨頭、肌肉、肌腱、血管、神經末梢等都是有形的。這些組織器官，相互之間存在著一定的空間，這些空間是無形的。經絡，就是無形的能量賴以流動的空間。

只是這空間，是由肌肉與肌肉、肌肉與肌腱、肌腱與神經、肌肉與骨頭等之間的空間所構成的。肌肉緊張狀態時，肌肉與肌肉、肌肉與肌腱、肌腱與神經、肌肉與骨頭等之間所構成的空間，受到了擠壓，空間小了，或者被堵塞了，那麼氣血就不暢通。肌肉處在鬆弛狀態，肌肉與肌肉、肌肉與肌腱、肌腱與神經、肌肉與骨頭等之間所構成的空間就寬舒了，氣血就得以暢通。

②申脈：中醫有申脈穴，卻無申脈。晉代皇甫謐的《針灸甲乙經》中，言申脈穴：「申

脈，陽蹻所生也，在足外踝下，陷者中，容爪甲許。」孫思邈《千金方》曰：「申脈，陽蹻之所生，在外踝下陷中，容爪甲。」申脈所指，皆為陽蹻脈中的一個穴位。此穴位也不易在推手中被人觸及，所以此譜申脈所指，蓋非中醫申脈穴。

③死穴：此穴位，亦非醫學經絡中的穴位。黃宗羲《南雷文定・王征南墓誌銘》云：「（王征南）凡搏人皆以其穴：死穴、暈穴、啞穴，一切如銅人圖法。」黃百家《王征南先生傳》云：「穴法若干：死穴、啞穴、暈穴、咳穴、膀胱、蝦蟆、猿跳、曲池、鎖喉、解頤、合谷、內關、三里等穴。」

二水按：抓膜、申脈、單筋、死穴等，皆非醫學上的名詞，明清諸派拳技多有所見。四處所指，無從考究，此或「非得點傳不可」者也。

中醫十二正經及任、督二脈所流經的計三六一處穴位，另有經外奇穴四八處，合計四〇九穴，其中有一〇八處穴位，遭受外力擊打或者點擊後，身體會有明顯的不適反應；而這一〇八處穴位中，尤其重要的三六處穴位，被諸派拳家稱為「死穴」，意思是遭受打擊或點擊後，倘不及時救治，或有性命之憂。譬如人中、百會、太陽穴、印堂、睛明、膻中、氣海、章門、乳中、命門、長強等。

④揔：總也。

太極字字解①

挫柔②捶打（於己於人）按摩推拿（於己人③）開合升降（於己人）此十二字，皆用手也。

屈伸動靜（於己人）起落急緩（於己人）閃還撩了（於己人）此十二字，於己氣也，於人手也。

轉換進退（於己身人步）也　顧盼前後（於己目也人手也）即瞻前眇後，左顧右盼也，此八字，關乎神矣。

斷接俯仰，此四字，關乎意勁也。接④，關乎神氣也，俯仰，關乎手足也。勁斷意不斷，意斷神可接。勁意神俱斷，則俯仰矣，手足無著落耳。俯為一叩，仰為一反而已矣。不使叩反，非斷而復接不可。

【注釋】

①太極字字解：此本與家藏本皆如是，「字字」解，逐字解釋之意。此節對拳技常用術語三十六字，從於人於己兩個角度，分別從手眼身法步諸層面，逐一進行詳解。後附《太極拳手冊》楊健侯贈貽田兆麟拳譜中，題作「太極字二解」，「二」字可作「於人於己」兩個角度解，或是該本所依母本裡，「字字」的第二字，疊字簡寫成「々」，此本、家藏本所依據的母本、祖本中，抑或將「太極字二解」的「二」誤作是疊字簡寫符號「々」，而抄本時復原為原字成「字字」。

田本與此本、家藏本的成稿先後次序，有待深究。以此足證，此譜成稿並非在一時，或有多人參與編撰，最後或有一人統稿成譜。

②柔：此本家藏本皆如是，係「揉」之誤。

③於己人：此本五處皆如是，以一「於」及「己」及「人」，省略一「於」字。家藏本作「於己於人」。後同，不另注。

④接：此本與家藏本皆如是，疑係「斷接」脫文而致。

對待之字①，以俯仰為重，時刻在心身，手足不使斷之無接，則不能俯仰也。求其斷接之能，非見隱顯微②不可。隱微，似斷而未斷，見顯，似接而未接③。接接斷斷，斷斷接接，其意心身體神氣極於隱顯，又何慮不粘黏連隨哉。

【注釋】

①對待之字：此本與家藏本皆如是，係「對待之時」之誤。

②見隱顯微：典出《中庸》：「道也者，不可須臾離也，可離非道也。是故君子戒慎乎其所不睹，恐懼乎其所不聞。莫見乎隱，莫顯乎微。故君子慎其獨也。」

二水按：子思認為的「道」，也隨時隨地深藏於人的手眼身法步中，非常隱蔽，非常細微，所以必須戒慎恐懼，刻刻留心。此譜三十六字，從於己於人角度，分析了手眼身法步的要領，執其兩端而用中，戒慎恐懼而慎獨，執中用中而一以貫之，最終將眞假懂勁的界限，落實到「斷接」兩字上。認為只要掌握了斷接之能，便能見隱顯微，便能階及神明。

後文「懂勁先後論」對此有更近一層的解釋：「夫未懂勁之先，長出頂匾丟抗之病。既懂勁之後，恐出斷接俯仰之病。然未懂勁，故然病亦出，勁既懂，何以出病乎。緣勁似懂未懂之際，正在兩可，斷接無準矣，故出病。神明及猶不及，俯仰無著矣，亦出病。若不出斷接俯仰之病，非真懂勁，弗能不出也。」

③隱微，似斷而未斷，見顯，似接而未接：互文。兩句宜互相闡發，互相補足。

太極節拿抓閉尺寸分毫辨①

對待之功，既得尺寸分毫於手，則可量之矣。然不論節拿抓閉之手易，若節膜拿脈抓筋閉穴，則難。非自尺寸分毫，量之不可得也。

節不量，由按而得膜，拿不量，由摩而得脈，抓不量，由推而得②。拿閉非量，而不能得穴③。由尺盈而縮之寸、分、毫也。此四者雖有高授，然非自己功夫久者，無能貫通焉。

【注釋】

①太極節拿抓閉尺寸分毫辨：此節結合尺寸分毫，來詳解對待之時，對於膜脈筋穴之節拿抓閉。一個「量」字，道盡按摩推拿之要。藏本目錄「辨」作「解」。

②由推而得：此本與家藏本皆如是，疑脫「筋」字。

③拿閉非量，而不能得穴：此本與家藏本皆如是，疑係「閉不量，非拿而不能得穴」之脫倒。

此節完整句式或應作「節不量，由按而得膜，拿不量，由摩而得脈，抓不量，由推而得筋。閉不量，非拿而不能得穴」。

二水按：節膜、拿脈、抓筋、閉穴，此四功，由尺寸分毫得之後而求之。在尺寸分毫未得之前，自不能自度，也無法量人。所以，按膜、摩脈、推筋、拿穴，是在「量」之不得，退而求其次的方法。

功夫尚未自度量人之前，於「按摩推拿」四字上下工夫，由己及人，由人及己，「由尺盈而縮之寸、分、毫」，此也不失求尺寸分毫之良方。

「按摩推拿」四字，可參閱「太極字字解」，於己於人，皆為手法。按摩意在「揉」

字，推拿重在「挫」。下文的「太極空結挫揉論」，可資參閱。能尺寸分毫，能度己量人，按摩推拿、空結挫揉自不作論。

太極補瀉①氣力解

補瀉氣力，於自己難，補瀉氣力，於人亦難。補自己者，知覺，功虧則補，運動，功過則瀉②，所以求諸己不易也。補於人者，氣過則補之，力過則瀉之③，此勝彼敗所由然也。

【注釋】

①補瀉：中醫理論對於陰陽氣血之「道」，「補瀉」兩字，成為執其兩端而用中最為重要的原則。補瀉，或作補寫。《黃帝內經・素問・脈要精微論》曰：「補寫勿失，與天地如一。」王冰注：「有餘者，瀉之，不足者，補之，是應天地之常道也。」葛洪《抱朴子》極言云：「流行榮衛，有補瀉之法。」

二水按：家師慰蒼先生輯錄葉大密《柔克齋太極傳心錄》時，所載迎瀉隨補解一則，以中醫針灸中的迎瀉隨補之法，以解太極推手中的補瀉之理，可資參閱：「針灸有迎瀉隨補之法，太極推手亦然。推時於彼勁之方來而未逞之際，進身以遏其勢，謂之迎；於彼勁之始去而未走之時，伸手以送其行，謂之隨。以身手言：迎時身進而手退，身高而手低，故是合、是提、是瀉；隨時手進而身退，身低而手高，故是開、是沉、是補。以呼吸言：迎是吸、是逼；隨是呼、是放。能懂得迎瀉隨補，則手法自無足論矣。然必行之不失其時。若夫於彼勁之已出而迎之，則非頂即抗；於彼勁之既化而隨之，則不匾即丟，是為迎隨之病。未懂迎隨，多犯匾丟；既懂迎隨，多犯頂抗。夫未懂故犯病，既懂又何犯病？蓋後者尚在似懂未懂之間，非眞懂也。不及為匾，相離為丟，匾丟遇補則背，其病在於氣勢散漫；出頭為頂，持力為抗，頂抗遇變必斷，其病在於身滯不靈。氣散身滯，久之以力使氣而不自知，終究莫名其精妙，更無論於通會脫化矣。」

②知覺，功虧則補，運動，功過則瀉：互文。兩句宜互相闡發，互相補足。此節將知覺運動割裂成「知覺」與「運動」兩方面，「知覺」蓋指感知、分析、判斷能力，《太極源流支派論》用功五之「審問：非口問，是聽勁」者也。「運動」蓋指對由感知、分析、判斷所得，所做出的應對，《太極源流支派論》用功五之「篤行如天行健」者也。

③氣過則補之，力過則瀉之：可參上文「太極力氣解」：「故有力者，皆外壯於皮骨，形也。有氣者，是內壯於筋脈，象也。」知覺對手氣過而力虧，則需「手進而身退，身低而手高，故是開、是沉、是補」，此謂之隨。知覺對手力過而氣虧，則需「身進而手退，身高而手低，故是合、是提、是瀉」，此謂之迎。

氣過或瀉，力過或補，其理雖一，然其有詳①：夫過補，為之過上加過。遇②瀉為之緩他不及，他必更過，仍加過也。補氣瀉力於人之法，均為加過於人矣。

補氣名曰結氣法，瀉力名曰空力法③。

【注釋】

①氣過或瀉，力過或補，其理雖一，然其有詳：此本如是。家藏本作「氣過或瀉，力過或補，其理雖亦然，其有詳」。

②遇：此本與家藏本皆如是，蓋「過」之誤。

③補氣名曰結氣法，瀉力名曰空力法：「空」「結」兩字，可參下文「太極空結挫揉論」。

太極空結挫揉論

有挫空結有揉空柔結之辨挫空者則力偶矣挫結者則氣斷矣揉空者則力分矣揉結者則氣偶矣若結柔挫則氣力反空揉挫則力氣敗結挫揉則力盛於氣力在氣上矣空挫揉則氣盛於力氣過力不及矣挫結揉揉結挫皆氣閉於力矣挫空揉揉空挫皆力鑿於氣矣總之挫結揉空之法亦必由尺寸分毫量能如是也不然之挫揉平虛之靈結亦何由而致於哉

懂勁先後論

夫未懂勁之先長出頂匾丟抗之病既懂勁之後恐出斷接俯仰之病然未懂勁故然病亦出勁既懂何以出病乎緣勁似懂未懂之際正在兩可斷接無準矣故出病神明及猶不及俯仰無著矣亦出病若不出斷接俯仰之病非真懂勁弗能不出也胡為真懂因視聽無由未得其確也知瞻眇顧盼之視覺起落緩急之聽知閃還撩了之運覺轉換進退之動則為真懂勁則能接及神明及神明自攸往有由矣有由者由於懂勁自得屈伸動靜之妙有屈伸動靜之妙開合升降又有由矣由屈伸動靜見入則開遇出則合看來則詳就去則升夫而後纔為真及神明也明也豈可日後不慎行坐臥走飲食溺溷之功是所為及中成大成也哉

尺寸分毫在懂勁後論

在懂勁先求尺寸分毫為之小成不過末技武事而已所謂能尺於人者非先懂勁也如懂勁後神而明之自然能量尺寸尺寸能量纔能節拿抓閉矣知膜脉筋穴之理要必明存亡之手知存亡之手要必明生死之穴其穴之數安可不知乎知生死之穴數烏可不明閉而不生乎烏可不明閉而無生乎是所謂二字之存亡一閉之而已盡矣

太極指掌捶手解

自指下之腕上裏者為掌五指之首為之手五指皆為指五指權裏其背為捶如其用者按推掌也拿揉抓閉俱用指也挫摩手也打捶也夫捶有搬攔有指襠有肘底有撇身四捶之外有衷捶掌有摟膝有換轉有單鞭有通背四掌之外有串掌手有雲手有提手拿有十字手四手之外有反手指有屈指有伸指捏指閉指四指之外有量指又名尺寸指又名覓穴指然指有五指有五指之用首指為手仍為指故又名手指其一用之為旋指旋手其二用之為根指根手其三用之為弓指弓手其四用之為中合手指四手指之外為獨指獨手也食指為卡指為劍指為佐指為粘指中正為心指為合指為鉤指為抹指無名

指為全指為環指為代指為扣指小指為幫指補指媢指掛指若此之名知之易而用之難得口訣秘法亦不易為也其次有如對掌推山掌射雁掌晾翅掌似閉指拗步指灣弓指穿梭指探馬手灣弓手抱虎手玉女手跨虎手通山捶葉下捶背反捶勢分捶捲挫捶再其次步隨身換不出五行則無失錯矣因其粘連黏隨之理舍己從人身隨步自換只要無五行之外錯身形腳勢出於自然又何慮些〻須之病也

口授穴之存亡論

穴有存亡之穴要非口授不可何也一因其難學二因其關乎存亡三因其人纔能傳第一不授不忠不孝之人第二不傳根底不好之人第三不授心術不正之人第四不傳鹵莽滅裂之人第五不傳授目中無人之人第六不傳知禮無恩之人第七不授反復無長之人第八不傳得易失易之人此須知八不傳匪人更不待言矣如其可以傳再口授之秘訣傳忠孝知恩者心氣和平者守道不失者真以為師者始終如一者此五者果其有始有終不變如一方可將全體大用之功授之於徒也明矣於前於後代〻相繼皆如是之所傳也噫抑亦知武事中烏有匪人哉

張三丰承留

天地即乾坤伏羲為人祖畫卦道有名堯舜十六母微危允厥中精一及孔孟神化性命功七二乃大武授之至予來宇著宣平許延年藥在身元善從復始虛靈能德明理令氣形具萬載咏長春心今誠真跕三教無兩家統言皆太極浩然塞而冲方正千年立繼往聖永綿開來學常續水火濟既馬願至戌畢字

口授張三丰老師之言

予知三教歸一之理皆性命學也皆以心為身之主也保全心身永有精氣神也有精氣神纔能文思安〻武備動〻乃文乃武大而化之者聖神也先覺者渾其象中超乎象外矣後學者以效先覺之所知能其知能雖人固有之知能然非效之不可得也夫人之知能天然文武目視耳聽天然文也手舞足蹈天然武也孰非固有也明矣前華大成文武聖神授人以體育修身進之不以武事修身傳之至予得之手舞足蹈之採戰借其身之陰以補助身之陽身之陽男也身之陰女也然皆於身中矣男之身祇一陽男全體皆陰女以一陽採戰全體之陰女故云一陽復始斯身之陰女不獨七二以一姹女配嬰兒之名變化千萬姹女採戰之可也亦安有男女後天之身以補之者所謂自身之天地以扶助之是為陰陽採戰也如此者是男子

之身皆屬陰而採自身之陰戰己身之女不如兩男之陰陽對待修身速也予及此傳於武事然不可以末技視依然體育之學修身之道性命之功聖神之境也今夫兩男之對待採戰於己身之採戰其理不二己身亦遇對待之數則為採戰也是為汞鉛也於人對戰坎離之陰陽兌震陽戰陰也為之四正乾坤之陰陽艮巽陰採陽也為之四隅此八卦也為之八門身足位列中土進步之陽以戰之退步之陰以採之左顧之陽以採之右盼之陰以戰之此五行也為之五步共為八門五步也夫如是予授之爾終身用之不能盡之矣又至于浮武繼武必當以武事傳之而修身也修身八首無論武事文為成功一也三教三乘之原不出一太極願後學以易理格致於身中留於後世也可

張三丰以武事得道論

蓋未有天地先有理理為氣之陰陽主宰主宰理以有天地道在其中陰陽氣道之流行則為對待對待者陰陽也數也一陰一陽之為道道無名天地始道有名萬物母未有天地之前無極也無名也既有天地之後有極也有名也然前天地者曰理後天地者曰母是乃理化先天陰陽氣數母生後天胎卵濕化仕天地育萬育道中和然也故乾坤為大父母先天也爹娘為小父母後天也得陰陽先後天之氣以浄生身則為人之初也夫人身之來者得大父母之命性賦理得小父母之精血形骸合先後天之身命我得而成人也以配天地為三才安可失性之本哉然能率性則本不失既不失本來面目又安可失身體之去處哉夫欲尋去處先知來處來有門去有路良有以也然有何以之以之固有之知能無論知愚賢否固有知能皆可以之追道既能修道可知來處之源必能去處之委來源去委既知能必明身不修故曰自天子至於庶人壹是皆以修身為本夫修身以何以之良知良能視目聽耳曰聰日明手舞足蹈乃武乃文致知格物意誠心正心為一身之主正意誠心以足蹈五行手舞八卦手足為之四象用之殊途良能還原目視三合耳聽六道目耳亦是四形體之一表良知歸本耳目手足分而為二皆為兩儀合之為一共為太極此由外斂入之於內亦自內發出之於外也能如是表裏精粗無不到豁然貫通希賢希聖之功自臻於曰睿曰智乃聖乃神所謂盡性立命窮神達化在茲矣然天道人道一誠而已矣

太極空結挫揉①論

有挫空、挫結，有揉空、柔結之辨。挫空者，則力隅矣，挫結者，則氣斷矣。揉空者，則力分矣，揉結者，則氣隅矣。

【注釋】

①空結挫揉：詳解以挫、揉兩種手法，於人補瀉力氣時的諸多狀態。

二水按：此目一依《易經》四象與八卦的思辨方式，詳細地分析了推手實踐中，在量得尺寸分毫後，以挫、揉兩種手法，補瀉對手氣力，或結氣或空力時，所呈現的十二種狀態：挫空、挫結、揉空、揉結、結揉挫、空揉挫、結挫揉、空挫揉、挫結揉、揉結挫、挫空揉、揉空挫。

在推手實踐中，挫，或可表現為前臂轉臂捷用，尺骨能尺寸之量，橈骨如楫舟之槳，橈尺互用，虛擬交接，作用點位置如沿軌道，直往對手中軸線前移，此時，虛擬的「劍」勢，如切如磋，如割如挫，如刀之兩刃。揉，或可表現為以我隻掌，輕敷對手時，手心涵空，五指沿多個方向略微指意對手，以舒緩分解對手勁力。兩種手法一正一隅，一圓一方，奇正相生，方圓相濟，相互補瀉，互作採戰矣。

若結柔挫，則氣力反，空揉挫，則力氣敗。結挫揉①，則力②盛於氣，力在氣上矣。空挫揉，則氣盛於力，氣過力不及矣。挫結揉，揉結挫，皆氣閉於力矣。挫空揉，揉空挫，皆力鑿於氣矣。

總之挫、結、揉、空之法，亦必由尺寸分毫，量能如是也。不然□□③之挫揉，平虛④之靈結⑤，亦何由而致於哉。

【注釋】

①結挫揉：此本與家藏本皆如是，唯此本用倒字符號，將「挫揉」兩字互作顛倒，似作修改。

②力：此本在「力」字右上角，添一「氣」字，似作修改。二水按：兩處修正處，原本無誤，無須修正。此節文字，在「挫揉氣力」等字上，如入文字迷宮，讀者容易迷失，此本抄者，在此兩處誤改，或也迷途焉。

③□□：此本此處被墨汁所汙，家藏本作「無地」兩字。無地，至極也，不盡也，隨心使然，隨處使然也。蓋指挫揉手法變化嫺熟。

④平虛：平意虛心。蓋指結氣、空力，非刻意、非突兀的結果，而是在對手過上加過，錯上加錯所為。隨人之勢，借人之力也。

⑤靈結：此本與家藏本皆如是，「靈」作簡體「灵」，與「空」字形結構相似，結合「挫揉空結」，此或係「空結」之摹抄誤。

懂勁先後論①

夫未懂勁之先，長出頂匾丟抗之病。既懂勁之後，恐出斷接俯仰之病。然未懂勁，故然病亦出，勁既懂，何以出病乎。緣②勁似懂未懂之際，正在兩可③，斷接無準矣，故出病。神明及猶不及④，俯仰無著⑤矣，亦出病。若不出斷接俯仰之病，非真懂勁，弗能不出也。

【注釋】

①懂勁先後論：此目分析懂勁前後所容易犯的「病」及成因，來闡述「眞懂勁」前所應注意的事項，也同時是對上文「太極字字解」之「斷接俯仰」作注解。

②緣：因為，由於。家藏本脫字。

③兩可：《晉書·隱逸傳》魯勝篇云：「是有不是，可有不可，是名兩可。」

④及猶不及：與上句「似懂未懂」，都在解說「眞懂勁」「眞神明」的境界。

⑤俯仰無著：與上句「斷接無準」，都在明辨未能階及「眞懂勁」「眞神明」原因。無準：不符合法則。無著：沒有呼應著落。反之，倘若做到了斷接合乎法則，俯仰皆能呼應著落，於手眼身法步中，見隱顯微，求其斷接俯仰之能，則為眞懂勁矣，則能接及神明矣。

胡①為真懂？因視聽無由②，未得其確也。知瞻眇顏盼③之視，覺起落緩急之聽，知閃還撩了之運，覺轉換進退之動④，則為真懂勁，則能接及神明。及神明，自攸往有由⑤矣。

【注釋】

①胡：疑問詞。為何，怎樣，何故。

②視聽無由：由者，因緣，經從也。視聽：視聽食息等七竅之感知能力。未能眞懂勁的原因，在於人的感知器官，尚未達到視聽食息之精爽，聽不覺因緣，察不究經從。其病依然得從知覺運動中求之焉。

③顏盼：此本與家藏本皆如是，蓋「顧盼」之誤。

④知瞻眇顏盼之視，覺起落緩急之聽，知閃還撩了之運，覺轉換進退之動：互文。四句宜互為闡發，互作補足。

二水按：以古文語境，理解此節文意，宜從「太極字字解」之「挫柔捶打，按摩推拿，開合升降，屈伸動靜，起落急緩，閃還撩了，轉換進退，瞻眇顧盼，斷接俯仰」中，逐字去體悟知覺運動之功。

此節旨在強調眞懂勁的過程，須從戴東原知覺運動著手，用視聽食息的感知器官，去感知拳勢的瞻眇顧盼、起落緩急，從拳勢的閃還撩了、轉換進退中去知覺陰陽生息消長之變化，於己於人，刻刻在意，方能戒除視聽無由，力求知覺精爽，乃至階及神明之境。

⑤攸往有由：攸者，安也，久也。往者，進也。由者，經從也，路徑也。《易經》坤彖曰：「君子有攸往。」君子參贊天地之華育，得知覺運動之動，由此可以安然永久地乃進乎道矣。

有由①者，由於懂勁，自得屈伸動靜之妙。有屈伸動靜之妙，開合升降又有由矣。由屈伸動靜，見入則開，遇出則合，看來則詳②，就去則升。夫而後纔為真及神明矣。明也，豈可日後不慎，行坐臥走，飲食溺溷之功③，是所為及中成大成也哉。

【注釋】

①由：路由也，路徑也。進階之途也。

②詳：此本及家藏本皆如是，蓋「降」之誤。「見入則開，遇出則合，看來則降，就去

則升」句，也當互為闡發，互作補足，可讀作「遇出見入，則開合以對，看來就去，則升降以待」，旨在詳解上句「屈伸動靜之妙，開合升降又有由」。遇出見入、看來就去，是對拳勢勁路的感知把控。得勢爭來脈，出奇在轉關者也。

③行坐臥走，飲食溺溷之功：溺，同「尿」，溷，同「糞」。

二水按：上文「太極顛倒陰陽解」云：「明此陰陽顛倒之理，則可與言道。知『道，不可須臾離』，則可與言人。能以人弘道，知『道不遠人』，則可與言天地同體」；「太極體用解」云：「誠者，天道，誠之者，人道。俱不外意念須臾之間。」

子思，孔夫子的嫡孫，他以為「道」在日常生活的隨處隨地，太極功夫也在行坐臥走間，真懂勁後，行坐臥走，飲食溺溷之中，處處留意，刻刻在心，戒慎乎其所不睹，恐懼乎其所不聞，如此方能及中乘大乘之境。

尺寸分毫在懂勁後論①

在懂勁先，求尺寸分毫，為之小成，不過末技武事而已。所謂能尺於人者，非先懂勁也。如懂勁後，神而明之，自然能量尺寸。尺寸能量，纔能節拿抓閉矣。

【注釋】

①尺寸分毫在懂勁後論：此譜以來知德「流行者氣，主宰者理，對待者數」為立論依據，行拳走架，以心行氣，以氣運身，悉心去知覺身形在周遭空氣裡的浮力，去感知一氣之流行。同時，凝神斂氣，處處設假想敵，拳勢的每一招式，須有兩氣對待之意。

這是自知自覺的功夫。而兩人推手，陰陽之氣對待之時，去覺知對手勁力的陰陽變化，此「蓋有對待，其氣運必流行而不已者也」，知覺對手陰陽之數後，自己勁力也隨之以最為合適的陰陽之數，去對之，或待之，此「有流行，其象數必對待而不移」者也。

此譜同時還引入戴東原的「知覺運動」理論，作為人認識世事萬物的立論依據。戴東原認為，對於認知自然規律的理和作為道德規律的理的認知，人，是在不斷提高認知的前提下，「心之神明，於事物成足以知其不易之則，譬有光皆能照。而中理者，乃其光盛，其照不謬也。」人的認知過程，是一個不斷由「精爽」進到「神明」的過程，「精爽」的過程，先自知，後知人，尺寸分毫，由尺及寸，由寸及分及毫，允文允武、允聖允神，當階入「聰明睿聖」時，「心之精爽，有思則通……精爽有蔽隔而不能通之時，及其無蔽隔，無弗通，乃以神明稱之」。所以，由「蔽隔」到「精爽」，由「精爽」階及「神明」的過程中，「尺寸分毫」即是手段，也是精爽神明後的自然結果。

此目可參閱前文「太極尺寸分毫解」「太極節拿抓閉尺寸分毫解」等篇。

知膜脈筋穴之理，要①必明存亡之手。知存亡之手，要必明生死之穴。其穴之數，安②可不知乎。知生死之穴數，烏③可不明閉而不生乎，烏可不明閉而無生④乎。是所謂二字之存亡，一閉之而已盡矣⑤。

【注釋】

①要：緊要，綱要，重點。後同，不另注。

②安：疑問詞。哪裡，怎能。

③烏：疑問詞。哪裡，怎能。後同，不另注。

④無生：此本與家藏本皆如是，從上下句文意看，或作「無死」。兩句宜作：「知生死之穴數，烏可不明閉而不生乎，烏可不明閉而無死乎」，一「閉」字，關係「生死」焉。

⑤二字之存亡，一閉之而已盡矣：古漢語語境，重點詞前置。常規語式：「存亡之二字，一閉之而已盡矣」。

太極指掌捶手解

自指下之①腕上，裏者為掌。五指之首為之手。五指皆為指。五指權②裏，其背為捶。如其用者③，按、推，掌也。拿、揉④、抓、閉，俱用指也。挫、摩，手也。打，捶也。

夫捶，有搬攔，有指襠，有肘底，有撇身。四捶之外，有⿱覀仸⑤捶。

【注釋】

①之：適也。通作「至」。往彼曰「之」，到此曰「至」。

②權：此本與家藏本皆如是。係「拳」之誤。拳者，蜷曲也。

③如其用者：倘若按照其使用法來分類。

④揉：此本如是。家藏本誤作「柔」。

⑤覆：古同「覆」。此本、家藏本皆作「此」。

掌，有摟膝，有換轉，有單鞭，有通背。四掌之外，有串掌。

手，有雲手，有提手，拿手，有十字手。四手之外，有反手。

指，有屈指，有伸指，捏指，閉指。四指之外，有量指，又名尺寸指，又名覓穴指。然指有五指，有五指之用：首指為手，仍為指，故又名手指。

其一，用之為旋，指旋手。其二，用之為根，指根手。其三，用之為弓，指弓手。其四，用之為中，合手指。

四手指之外，為獨，指獨手也。食指為下指，為劍指，為佐指，為粘指。中正①為心指，為合指，為鉤指，為抹指。無名指，為全指，為環指，為代指，為扣指。小指為幫指，補指，媚指，掛指。若此之名，知之易，而用之難，得口訣秘法，亦不易為也。

其次有：如對掌②，推山掌，射雁掌，晾翅掌。似閉指，拗步指，彎弓指，穿梭指。探馬手，彎弓手，抱虎手，玉女手，跨虎手。通山捶，葉下捶，背反捶，勢分捶，捲挫捶。

再其次，步隨身換，不出五行，則無失錯矣。因其粘連黏隨之理，舍己從人，身隨步自換，只要無五行之舛錯③，身形腳勢出於自然，又何慮些須之病也。

【注釋】

①中正：此本與家藏本皆如是，蓋「中指」之誤。

②如對掌：此本如是，家藏本脫字成「對掌」。係「如封掌」之誤。蓋繁體「對」與「封」字形相近而誤抄所致。

③舛錯：舛者，對臥也。人與人相對而休，或足與足相抵而臥。引申為陰陽五行之錯亂。阮籍《詠懷》詩云：「陰陽有舛錯，日月不常融，天時有否泰，人事多盈沖。」

二水按：此目層次分明，先從「體用」角度對太極拳中的「掌、手、指、捶」簡要地做了概念界定與功用分類；之後，從「五行」角度，分析了「捶、掌、手、指」在拳勢中的變化；尤其以「指」為例，進一步分析了「指有五指，有五指之用」，把拳勢裡拇指的「指旋、指根、指弓、合手、指獨」之用，食指的「卞指、劍指、佐指、粘指」之用，中指的「心指、合指、鉤指、抹指」之用，無名指的「全指、環指、代指、扣指」之用，小指的「幫指、補指、媚指、掛指」之用等，分解得淋漓盡致。

第三層面，以「其次有」起句，將各式拳勢中「捶、掌、手、指」的變化簡要地歸納羅列，有高屋建瓴提綱挈領之效。之後，以「再其次」起句，以「步隨身換」「身隨步自換」來考量「捶、掌、手、指」，條分縷析之後，再站在一個高度，識得廬山眞容，而免身在此山之憾。此目文論結構，像是西方教科書的體例，這在傳統文論體例中極為罕見。

口授穴之存亡論

穴有存亡之穴，要①非口授不可。何也？一因其難學，二因其關乎存亡，三因其人纔能傳②。

第一，不授不忠不孝之人。
第二，不傳根底不好之人。
第三，不授心術不正之人。
第四，不傳鹵莽滅裂③之人。
第五，不傳授目中無人之人。
第六，不傳知禮無恩之人。
第七，不授反復無長④之人。
第八，不傳得易失易之人。

此須知八不傳⑤，匪人更不待言矣。

如其可以傳，再口授之秘訣。傳忠孝知恩者，心氣和平者，守道不失者，真以為師者，始終如一者。此五者，果其有始有終，不變如一，方可將全體大用之功，授之於徒也。明矣，於前於後，代代相繼，皆如是之所傳也。噫，抑亦知武事中烏有匪人哉。

【注釋】

①要：綱要、關要。《韓非子》云：「事在四方，要在中央，聖人執要，四方來效。」

②因其人纔能傳：纔者，帛雀頭色。一曰微黑色。淺也。纔即緅字，《考工記》云：「三入為纁，五入為緅，七入為緇」。染纁者三入而成，又再染以黑則為緅，再染以黑才為緇。今俗用「才」字，乃由「淺」義引伸而來。意為：方、始。

二水按：拳藝雖小道，「因其人方能傳」始終是老輩拳家信守的準則。「道不遠人」「有緣者得之」「不得於此，必得於彼」，這是家師慰蒼先生常常掛在嘴邊的三句話。

第一句話「道不遠人」，側重的是個體的向學之心。一個人只要有志於拳學，拳藝之道就不會遠離他、遺棄他。意思是說，太極拳的大門，始終為每個人敞開著。從另一角度來說，作為授道的老師應該有教無類，無論男女、老幼、貧富、貴賤、智愚，老師都應因材施教。然而，傳授太極拳的老師，並非傳教士，也不做過度或不合時宜的佈施。

所以第二句話「有緣者得之」，講的就是「時節施」，依時節因緣而法施誠諦。慰蒼先生常說，學太極拳需要兩層緣分，其一是拳緣；其二是人緣。兩者缺一不可。他常說，一些拳家的孩子，與拳家本人有人緣而無拳緣的話，他們雖親情而與太極拳卻無緣。

第三，即便有了向學之志，也與老師的拳、老師的人結了緣，也未必人人練得到老師的境界。太極拳是極具個性化的一門身體藝術。不同的個體，各因其秉性、識見、閱歷種種的差異，即便是跟著同一老師學習，最終呈現出來的太極拳，各有千秋，精彩紛呈。所以老師常說「不得於此，必得於彼」。

③鹵莽滅裂：《莊子・則陽》：「君為政焉勿鹵莽，治民焉勿滅裂。昔予為禾，耕而鹵莽之，則其實亦鹵莽而報予。芸而滅裂之，其實亦滅裂而報予。」陸德明釋文：「郭云：『鹵莽滅裂，輕脫末略，不盡其分也。』司馬云：『鹵莽，猶麤粗也，謂淺耕稀種也。滅裂，斷其草也。』」後多用「鹵莽滅裂」，以形容做事草率粗疏。

④反復無長：此本、家藏本皆如是。係「反覆無常」之音誤。

⑤此須知八不傳：可參閱《太極功源流支派論》之此書十不傳：一不傳外教。二不傳無德。三不傳不知師弟之道者。四不傳收不住者。五不傳半途而廢者。六不傳得寶忘師者。七不傳無納履之心者。八不傳好怒好慍者。九不傳外欲太多者。十不傳匪事多端者。

張三丰承留①

天地即乾坤，伏羲為人祖②。畫卦道有名③，堯舜十六母④。

【注釋】

①承留：承者，奉也。是謂承天之祜，受天之福也。留者，田，所止也。猶坐從土也。《黃帝內經．素問．瘧論》云：「風氣留其處」，岑參《白雪歌送武判官歸京》：「山回路轉不見君，雪上空留馬行處」，于謙《石灰吟》云：「要留清白在人間」者也。以現今網路語而言，承留，便是上傳於雲端。

二水按：此節借仙尊張三豐名號，旨在宣導儒學「人心惟危，道心惟微，惟精惟一，允執厥中」十六字心法。彷彿是傳統文明的「先天至精，一炁氤氳」，剎那間點亮了華夏大地的「原始眞如，一靈炯炯」，「十六字心法」便是傳統文化的火種盒，便是華夏先輩的集體智慧承留在「雲端」，便是中華文明的「集體潛意識」，這是中華民族繼往開來、常續永綿的核心價值觀。

②伏羲為人祖：伏羲，又作宓羲、庖犧、包犧、伏戲，亦稱犧皇、皇羲、太昊，又稱青帝。是中華民族的人文始祖，是有圖集記載的最早的王。有勝德。相傳其始畫八卦，造書契，又教民漁獵、畜牧，取犧牲以供庖廚，因稱庖犧。定都在陳，約為今河南省周口市淮陽縣。

③畫卦道有名：畫卦，指伏羲氏畫先天八卦事。道有名，語從老子《道德經》第一章「道可道，非常道；名可名，非常名」句略出，意思是伏羲畫卦，開始揭示了天體宇宙、世事萬物原本無法用語言表達，卻又生生不息的大「道」。

二水按：華夏文明的人文始祖伏羲氏，仰則觀象於天，俯則觀法於地，綜合世事萬物，一畫而開天，用「一」示陽以象日，用「--」指陰以法月。陰陽日月之下，天、地、雷、風、日、月、山、澤之自然現象，馬、牛、龍、雞、豕、雉、狗、羊等與人共處的生靈，以及人身頭、腹、足、股、耳、目、手、口各部位，作為群居動物的人，由此構建的家庭社會父、母、長男、長女、中男、中女、少男、少女等族群，凡此等等，這些世事萬物，宇宙大觀，從性質可分為健、順、動、入、陷、麗、止、悅八類，伏羲氏以此取象比類，化繁而簡，僅僅以天地人各取一陰或一陽，三畫成卦象：乾、坤、震、巽、離、坎、艮、兌，演為八卦，從此開啓了華夏大地的文明曙光。

此節文辭，與來知德《弄圓歌》有異曲同工處，可參閱：「我有一丸，黑白相和。雖是兩分，還是一個。大之莫載，小之莫破。無始無終，無右無左。八卦九疇，縱橫交錯。今古無前，乾坤在坐。堯舜周孔，約為一堂。我弄其中，琴瑟鏗鏘。孔曰太極，惟陰惟陽，是定吉凶，大業斯張。形即五行，神即五常。惟其能圓，是以能方。孟曰如此，有事勿忘，名為浩然，至大至剛，充塞天地，長揖羲皇。」

④堯舜十六母：《尚書．虞書．大禹謨》載，堯將帝位禪讓給舜三十三年後，大禹治水，其成厥功，舜決定將帝位禪讓給禹，同時也將天下與百姓的重任託付於禹，舜說：

「來，禹。降水儆予，成允成功，惟汝賢。克勤於邦，克儉於家，不自滿假，惟汝賢。汝惟不矜，天下莫與汝爭能。汝惟不伐，天下莫與汝爭功。予懋乃德，嘉乃丕績，天之歷數在汝躬，汝終陟元後。人心惟危，道心惟微，惟精惟一，允執厥中。無稽之言勿聽，弗詢之謀勿庸。可愛非君，可畏非民，衆非元後，何戴。後非衆，罔與守邦。欽哉。愼乃有位，敬修其可願，四海困窮，天祿永終。惟口出好興戎，朕言不再。」

從此，「人心惟危，道心惟微；惟精惟一，允執厥中」這十六個字，便成了儒學「十六字心傳」，孕育了華夏文明的歷程，所以也稱「堯舜十六母」。

微危允厥中，精一及孔孟①。神化性命功，七二乃文武②。

【注釋】

①微危允厥中，精一及孔孟：此句兩層含義，其一，將「堯舜十六母」的內容，簡縮成「微危允厥中精一」七字。其二，「人心惟危，道心惟微；惟精惟一，允執厥中」，堯舜禹禪讓治國的文明火種，經過孔子、孟子等儒學聖人加以微顯闡幽，業已成為歷代聖賢的治國安邦方略，為各朝聖明君主所推崇。

二水按：危者，在高而懼也，《孝經》云：「在上不驕，高而不危。制節謹度，滿而不溢。」人心之危，在於趨高涉險，在於貪欲無厭，在於吊詭也，在於詭秘也。《說文》釋「危」云：「在高而懼也。從产，人在厓上，自卪止之也。」道盡《大學》之道，「在止於至善」大意。《荀子·解蔽篇》以人心本惡出發，闡發此論謂：「《道經》曰：『人心之危，道心之微。』危微之幾，惟明君子而後能知之。」重在聖明君主「制節謹度」以教化「本惡」之人心。

朱熹認為「人心惟危，道心惟微，論來只是一個心，那得有兩樣？只就他所主而言，那個喚作人心，那個喚作道心。」天人同體，在天謂之天心，在地則為地心，在人便是人心。在他看來天地之心，便是道心，或作「天命之性」，便是性理之「性」，就像樹木的「紋理」，在樹木果實之中，已經天賦在胚芽之中了。而「人心」，也作「氣質之性」，秉受天地而成者也。

他在《中庸章句》序認為：「心之虛靈知覺，一而已矣，而以為有人心、道心之異者，則以其或生於形氣之私，或原於性命之正，而所以為知覺者不同，是以或危殆而不安，或微妙而難見耳……必使道心常為一身之主，而人心每聽命焉，則危者安，微者著……」人心，生於形氣之私，誘之以利則偏，所以，須曉之以性命天理則正。這是程朱理學最為根本的立論依據。

王陽明《傳習錄》云：「道心本是無聲無臭，故曰微。依著人心行去，便有許多不安穩處，故曰惟危。」他在《重修山陰縣學記》中，借機闡發他的心學之論：「夫聖人之學，心學也。學以求盡其心而已。堯舜禹之相授受曰：『人心惟危，道心惟微，惟精惟一，允執厥中。』道心者，率性之謂，而未雜於人。無聲無臭，至微而顯，誠之源也。人心，則雜於人而危矣，偽之端矣。見孺子之入井而惻隱，率性之道也；從而內交於其父母焉，要譽於鄉黨焉，則人心矣。饑而食，渴而飲，率性之道也；從而極滋味之美焉，恣口腹之饕焉，則人心矣。惟一者，一於道心也。惟精者，慮道心之不一，而或二之以人心也。道無不中，一於道心而不息，是謂『允執厥中』矣。」

《傳習錄》云：「惟一是惟精主意，惟精是惟一工夫，非惟精之外復有惟一也」「博學、審問、慎思、明辨、篤行者，皆所以為惟精而求惟一也。」

陽明先生從「惟精惟一」入手，破解了「堯舜十六母」最為核心的價值體系，進而提出了他的「致良知」和「知行合一」，成為日本明治維新的理論基石。

②神化性命功，七二乃文武：典出東方朔《答客難》：「太公體行仁義，七十有二，乃設用於文武，得信厥說，封於齊，七百歲而不絕。此士所以日夜孳孳，修學敏行，而不敢怠也。」姜子牙承繼了「堯舜十六母」這一華夏文明的火種盒後，體行仁義，將性命之學推向了極致，七十二歲修成文武之功，輔佐周武王伐紂，一匡天下。

二水按：此譜由天地乾坤，伏羲人祖，自上而下列數至「授之至予來」，姜子牙輔佐周武王，理應在孔孟之前。而此譜卻將「神化性命功，七二乃文武」列入「微危允厥中，精一及孔孟」句後，是否慮及詩句遣詞或韻腳所需，就像下句中，將「字著宣平許」唐朝許宣平，置身於「授之至予來」的張三豐之後一樣，抑或有意為之，或可存疑之。

而值得深究的是，《太極功源流支派論》中「此書十不傳」前一節「自上至先師，而上溯其根原，東方先生，再上而溯始孟子，當列國紛紛，固將立命之功，所謂養吾浩然之氣，塞於天地之間」，則是由下而上，逆流追溯源流，文辭各異，卻義理相同。

《太極功源流支派論》將太極拳由此上溯到東方先生，其實是誤解了東方先生所言「體行仁義，七十有二，乃設用於文武」的，其實並非指東方先生自己，而是「神化性命功，七二乃文武」的姜子牙姜太公。此等常識錯誤，也與此譜將「神化性命功，七二乃文武」列於「微危允厥中，精一及孔孟」之後一樣，兩本拳譜，或有一脈相承處。

授之至予來①，字著宣平許②。延年藥在身③，元善從復始④。

【注釋】

①授之至予來：此譜以托偽仙尊張三豐之名，承留在人類智慧的「雲端」中，此「予」，蓋係指張三豐也。

②字著宣平許：字著，撰書立著之謂。宣平許，即許宣平也。可證此譜成稿之時，京城太極拳界已盛傳許宣平創編太極功三十七式事。

③延年藥在身：王世貞《嘉靖宮詞》云：「兩角鴨青雙筋紅，靈犀一點未曾通，只緣身作延年藥，憔悴春風雨露中。」沈德符《萬曆野獲編》云：「嘉靖中葉，上餌丹藥有驗。至壬子冬，命京師內外選女八歲至十四歲者三百人入宮，乙卯九月，又選十歲以下者一百六十人，蓋從陶仲文言，供煉藥用也。其法名先天丹鉛，云久進之可以長生。」

「延年藥在身」從「身作延年藥」化出，一如下文「口授張三豐老師之言」，以仙尊張三豐的口吻，從劉宋三峰御房採戰中，借用採戰概念，推陳出新，一方面用以表述行拳走架時，自身一陽眞氣與身中七十二陰之間的採補關係；另一方面用以表述推手時，兩人之間相互採補陰陽之氣。

④元善從復始：元善，大善也。《易經》乾云：「君子體仁，足以長人。」戴震《原善》云：「君子體仁以修身，則行修也。」地雷為復，雷動於地，一陽眞氣自海底而生，自復卦而臨卦而泰卦，再由泰卦而觀卦而剝卦，這是生命現象的一種往復規律。就像是由種子而發芽而茁壯而開花而結果，果實而剝落，脫離原先的生命體，以新生命的形式，得以延續。君子體仁修身之道，遵循生命體的自然規律，此所謂道法自然者也。

二水按：以天地乾坤為大父母，以伏羲為人祖，堯舜禪讓，燈火相繼，華夏文明的社會價值體系，其實是建立在直面生死的前提之下。

《左傳・襄公二十四年》載魯國叔孫豹如晉，向范宣子宣教「死而不朽」，「大上有立德，其次有立功，其次有立言。雖久不廢，此之謂不朽。」

這「三不朽」，儼然是中華文明數千年生生不息最為核心的價值觀念，我們的先祖之所以能直面生死，在於他們內心深處另有「延年藥在身」，在於他們內心深諳「死而不朽」、「元善從復始」之道。

虛靈能德明①，理令氣形具②。萬載詠長春，心兮誠真跡③。

【注釋】

①虛靈能德明：朱熹《大學章句集注》注「大學之道，在明明德，在親民，在止於至善」云：「大學者，大人之學也。明，明之也。明德者，人之所得乎天，而虛靈不昧，以具衆理而應萬事者也。」

意思是說，「明德」是人心得諸天性者也。性本惟危的人心，曉之以性命天理則正。反之，只有當人心安詳不危，才能洞明道心微微，洞徹世事萬物之性理。

②理令氣形具：朱熹認為，人心，乃「氣質之性」，秉受天地而成者也。「以其或生於形氣之私」，需要用道心性理以教化，使其「氣形具」，此「或原於性命之正」者也。

③萬載詠長春，心兮誠眞跡：為詩文韻腳，兩句似作倒置。《周易正義》曰：「道則無心無跡，聖人則亦無心有跡，聖人能體附於道，其跡以有為用。」心兮誠眞跡，期盼聖君能體道以為用者。《張太岳先生文集》卷十九云：「天開壽域九重，凝元會之精，命協貞符，萬載仰長春之慶」，萬載長春，與萬壽無疆同，幽贊神明，祈賀聖君語。

二水按：「虛靈能德明，理令氣形具」是經典的程朱之學，「心兮誠眞跡」句，則有陸王心學印跡。

陽明先生以為，心之本體就一「誠」字，心誠則元善生，誠失則諸惡生。「人心是天淵。心之本體無所不該，原是一個天。」他說：「一念發動處，便即是行了。發動處有不善，就將這不善的念克倒了，須要徹根徹底不使那一念不善潛伏在胸中。」

心，這個純淨的本體，雜念不生，邪念不長，惡念不滋，心之為淨，此乃「心兮誠」也。所以「聖人之學，只是一誠而已」，心兮誠，則率性率眞，善惡不生也。

三教無兩家①，統言皆太極②。浩然塞而沖，方正千年立③。

【注釋】

①三教無兩家：班固《白虎通》三教云：「王者設三教何，承衰救弊，欲民反正道也……三王之有失，故立三教，以相指受……三者如順連環，週而復始，窮則反本……三教一體而分，不可單行，故王者行之有先後。何以言三教並施、不可單行也？以忠、敬、文無可去者也。教所以三何，法天、地、人，內忠外敬，文飾之，故三而備也。」

二水按：佛教輸入中土之後，本土的道教在不同的歷史階段，或稱老子化胡，或稱三教合一，始終處在相對主動的態度來應對文化的衝突。而儒學者，始終處在入世輔佐君王的正統地位，對於老佛之說，頗多排斥。

朱熹《中庸章句》序云：「吾道之所寄，不越乎言語文字之閑，而異端之說，日新月盛，以至於老佛之徒出，則彌近理，而大亂眞矣。」一些在仕途不得意的儒學者，往往會遊歷於山水間，游離於佛道之間，或跳出三界外，或遊戲於紅塵間，多率性率眞之論。這些言辭，動輒直指人心，「則彌近理，而大亂眞矣」，成了朱熹心頭之患。

元明之後，程朱格物諸說顯露支離破碎之流弊，陸象山的「切己自反」「發明本心」

「天之所以予我者，非由外鑠我」的思想開始直接觸動儒學者的內心。做人治學，無須向外四處尋覓，最根本的是發明人人固有之「本心」，這為陽明心學的興起，鋪墊了基石。

陽明先生以「良知」來包裝陸象山的「心」，並藉此來構築他的「心學」大廈。他在《答陸原靜書》中說：「良知之體皦如明鏡，略無纖翳，妍媸之來，隨物見形。……佛氏曾有是言，未為非也……不思善不思惡時，認本來面目，此佛氏為未識本來面目者設此方便。本來面目，即吾聖門所謂良知」。他的「明心反本」，直接讓儒學者走入了佛學的「明心見性」之路上來。明季腐儒崇尚心學，或作「無善無惡」的「良知」說，或作「事事無礙」的「率性」說，或作「無所不為」「隨類現身」的「方便」說，王船山、顧炎武等人直接將明亡之責，歸咎為陽明心學。

儘管朱熹力闢老佛之說，在戴東原看來，他的觀點，依然是脫離不了老莊佛學的影子，他批駁朱熹「老莊釋氏尊其神為超乎陰陽氣化」，而朱熹則是「尊理為超乎陰陽氣化」，朱熹「以理為氣之主宰，如彼以神為氣之主宰也，以理能生氣，如彼以神能生氣也」。

此譜的「三教無兩家」與後文的「予知三教歸一之理，皆性命學也」「三教三乘之原，不出一太極。願後學，以易理格致於身中，留於後世也可」等等，顯然已經沒有了清初王船山、顧炎武輩的亡國之痛；且已糅合了程朱理學與陸王心學，也糅合了力駁朱熹的戴東原的

「知覺運動」理論。

此譜理論體系的此般斑駁錯綜，又以張三豐為「形象代言人」，文辭處處所透出的復興儒學價值觀及禮制綱常制度的偉大理想，顯然是儒學者在面對傳統文化遭受西方文明的蹂躪時，所做的激勵抗爭，反映了清季社會轉型時期，西學東漸，東學式微時的無奈。

陶宗儀《輟耕錄》載「三教」云：「上問曰：三教何者為貴。對曰：釋如黃金，道如白壁，儒如五穀。上曰：若然，則儒賤邪。對曰：黃金白壁，無亦何妨；五穀於世，豈可一日闕哉！」

誠然，儒釋道三教都是傳統文化的組成部分，特別是儒學的仁義，道家的思辨以及釋家的因果，幾已滲透到每一位炎黃子孫的血液裡，構成了華夏文明的「集體潛意識」，就像黃金、白壁以及五穀雜糧一樣，滋養著我們的人格結構。

②統言皆太極：無論是儒家的「存心養性」、道家的「修心煉性」還是釋家的「明心見性」，其實都是在強調本體之「中」的重要性。儒家「人心惟危，道心惟微，惟精惟一，允執厥中」，強調的就是「執中」；道家從老子《道德經》的「天地之間，其猶橐籥乎？虛而不屈，動而俞出。多言數窮，不如守中」，到《莊子．齊物論》的「是亦彼也，彼亦是也……樞始得其環中，以應無窮」，側重的是「守中」；而釋家的「色即是空，空即是色」

「五蘊皆空」，強調的是本體之「中」，洞然而空的「空中」。

本體之「中」，只有在明確了命門與三焦一原一委，一體一用之後，才能眞切理解命門「為陰陽之宅，為精氣之海，為死生之竇」，也才能將「執中」「守中」「空中」一一落到本體的實處，而非僅僅只是理論層面的說辭。

前文「太極陰陽顛倒解」更為詳實地描述了「降龍伏虎」的過程：「如火炎上，水潤下者，水能使火在下，而用水在上，則為顛倒。然非有法治之，則不得矣。譬如水入鼎內，而置火之上，鼎中之水，得火以燃之，不但水不能下潤，藉火氣，水必有溫時。火雖炎上，得鼎以隔之，是為有極之地，不使炎上之火無止息，亦不使潤下之水永滲漏。此所為水火既濟之理也，顛倒之理也。」

《性命圭旨》的「火候崇正圖」注：「眞橐籥　眞鼎爐　無中有　有中無　火候足　莫傷丹　天地靈　造化慳。」丘處機云：「眞火者，我之神也。而與天地之神，虛空之神，同其神也。眞候者，我之息也。而與天地之息，虛空之息，同其息也。」

吸氣時腰背拔伸而不變形，而胸腹內陷，呼氣時復原，此時的一吸一呼，猶如一具一半由木板、一半由牛皮製成的風箱，「天地之間，其猶橐籥乎？虛而不屈，動而俞出」，人生的小天地，所謂的橐籥，所謂的鼎爐，所謂的火候，所謂的刀圭金丹，無非只是透過調息，鍛鍊與神往來的魂，與並精出入的魄。

聚精會神，火候神息之後，才能讓原本隨時有可能魂飛魄散的「心」打包，上傳在雲端，之後，當「身」這台電腦硬體徹底壞了，軀體腐朽之後，新的電腦硬體能夠因緣際會，再從雲端下載那顆不朽的「心」，這才能與天地、與虛空同神同息了；這才是叔孫豹所謂的「死而不朽」；這才是孟子所謂的衝塞天地的浩然之氣；這便是仙道的本體虛空，超出三界；這便是佛學的不垢不淨，不生不滅；這才是「執中」「守中」「空中」；這才是太極拳最為崇高的定位。

③浩然塞而沖，方正千年立：《孟子・公孫丑上》曰：「我善養吾浩然之氣……其為氣也，至大至剛，以直養而無害，則塞於天地之間。」《寄生草・翻歸去來辭》套曲：「美哉之志樂田園，浩然之氣沖天地。」《太極功源流支派論》：「上而溯始孟子，當列國紛紛，固將立命之功，所謂養吾浩然之氣，塞於天地之間……由立命以盡性，至於窮神達化」。孟子的「浩然之氣」，為後世儒學者構建人格自我完善體系，成為儒者兩千餘年來的立身準則。

繼往聖永綿，開來學常續①。水火濟既焉②，願至戌畢字③。

【注釋】

①繼往聖永綿，開來學常續：互文，兩句互相闡發，宜作：「（太極）聖學，繼往開來，常續永綿」。

②水火濟既焉：「濟既」當作「既濟」。上坎☵下離☲，陰陽諸爻各得其位，水火既濟䷾。孔穎達疏：「濟者，濟渡之名；既者，皆盡之稱。萬事皆濟，故以既濟為名。」既濟，水火相交，萬事皆成矣。

③顒至戌畢字：班固《漢書．律曆志》卷上：「孳萌於子，紐牙於醜，引達於寅，冒茆於卯，振美於辰，已盛於巳，咢布於午，昧曖於未，申堅於申，留孰於酉，畢入於戌，該閡於亥。」夏正建寅，九月為戌。夏戌九月，斂華就實，時物畢成矣。

二水按：夏曆九月，時序深秋，「畢入於戌」之時，生命之樹都已結了果實。道家修煉，歷經周天火候，也已心腎相交，戊己合圭，水火既濟，龍虎交媾，聚精會神，性命合一。一者，有物混成也，像是將「精氣神」打成了一個人格軟體壓縮包，上傳至網路雲端，種子，一種新的生命體形式，得以繼往開來，常續永綿，此盡性立命者也。

口授張三丰老師之言

予知三教歸一之理，皆性命學也。皆以心為身之主也。保全心身，永有精氣神也。有精氣神，才能文思安安①，武備動動②。安安動動③，乃文乃武。大而化之者，聖神也。先覺者，得其寰④中，超乎象外矣⑤。後學者，以效先覺之所知能。其知能，雖人固有之知能，然非效之不可得也。

【注釋】

①文思安安：家藏本第二個「安」字，疊字簡寫作「々」。

②武備動動：此本與家藏本第二個「動」字，皆疊字簡寫作「々」。

③安安動動：此本與家藏本第二個「安」字、第二個「動」字，皆疊字簡寫作「々」。

④寰：此本與家藏本皆如是，蓋「環」之誤。寰者，王者封畿內縣也。環，壁也，取其無窮止。引伸為圍繞無端之義。又通作「圜」，今簡化作「環」。

⑤得其寰中，超乎象外矣：《太極功源流支派論》「太極者，非純功於《易經》，不能得也」及「八字歌」皆有「得其環中」語。源出《莊子・齊物論》：「樞始得其環中，以應無窮。」司空圖《二十四詩品》之雄渾，由此翻出新聲：「大用外腓，眞體內充。反虛入渾，積健為雄。具備萬物，橫絕太空。荒荒油雲，寥寥長風。超以象外，得其環中。持之非強，來之無窮」，以道家「反虛入渾」自然之道的美學原則，來做酒瓶子，以儒學「充實之謂美」，盛裝「積健為雄」的美學價值觀的美酒，司空圖以「雄渾」為二十四詩品之首，構建了他「至大至剛」「浩然之氣」「超以象外」「得其環中」的審美情趣。

此譜與《太極功源流支派論》於此論也脈氣相承。兩本且多有誤「環」作「寰」處。

夫人之知能，天然文武。目視耳聽，天然文也。手舞足蹈，天然武也。孰非固有也。明矣。前輩大成文武聖神，授人以體育修身，進之不以武事修身。傳之至予，得之手舞足蹈之採戰①，借其身之陰，以補助身之陽。

身之陽，男也。身之陰，女也②。然皆於身中矣。男之身，祇③一陽，男全體皆陰女。以一陽，採戰全體之陰女，故云一陽復始④。斯身之陰女，不獨七二，以一姹女⑤，配嬰兒⑥之名，變化千萬姹女，採戰之可也⑦，亦安有男女後天之身以補之者⑧。所謂自身之天地，以扶助之，是為陰陽採戰也。

【注釋】

①採戰：詳見前文「太極文武解」之注釋「採戰」。以劉宋三峰採戰術以喻己身陰陽補助的修煉法以及兩人對待之時，陰陽的補濟法。

②身之陽，男也，身之陰，女也：一己之陰陽補助，以己身的一陽眞氣為「男」，以全身七十二陰為「女」。

③祇：此本與家藏本皆如是，蓋「祇」之誤。衹者，僅僅，唯一，簡化作「只」。

④一陽復始：復者，☷下震上坤，地雷為復，雷動於地，一陽眞氣自海底而生也。此卦象以應人體「周天火候」：心火降服之後，集於會陰，全體七十二陰，一如七十二節氣之「冬至三候」，陰盡而一陽初生。此陽，便是「以一陽，採戰全體之陰女」之眞陽。此眞陽之氣沿著二十四椎，逆行而上，此乃一陽復始也。詳見前文「對待用功法守中土」之注釋。

⑤姹女：《抱朴子內篇・黃白》稱：「凡方書所名藥物，又或與常藥物同而實非者，如河上姹女，非婦人也；陵陽子明，非男子也。」《參同契》卷下：「河上姹女，靈而最神，得火則飛，不見埃塵」，河上姹女者，道家內丹所稱之眞汞也。

二水按：人心之危，在於趨高涉險，道家以為「心」的這種飛揚崢嶸的屬性，像是離卦☲的「火」，離日為汞，中有己土。就像是龍，其形獰獰，生人殺人，成仙成佛；抑或儒學的人格內修，都得由降服此龍入手。降龍之術，在於制其心火，趨高而懼，制節止止。

⑥嬰兒：呂洞賓《鄂渚悟道歌》云：「不用鉛，不用汞，還丹須向爐中種。玄中之玄號眞鉛，及至用鉛還不用。或名龍，或名虎，或號嬰兒並姹女。」嬰兒者，道家內丹所稱之眞鉛也。

二水按：腎中月精，主七魄生七情，貪慾無止，道家以為「精」這種生生不息的能量，像是坎卦☵的「水」，坎月為鉛，中有戊土。就像是虎，其形倡狂，雖能生人殺人，卻蘊大乘氣象，舉動風威，潤物滋生。道家是以馴而調之，伏其倡狂，得其水源至清。己土像龍，而龍之性情常在於戊，戊土像虎，而虎的性情常在於己。龍虎各有土氣，道家以為兩土合併而成刀圭。

前文「太極懂勁解」之注釋「水火既濟」「太極陰陽顛倒解」之「譬如水入鼎內，而置火之上」一節，對道家龍虎交媾多有闡述。

⑦變化千萬姹女，採戰之可也：參見《性命圭旨》龍虎交媾圖云：「虎在西兮龍在東，東龍西虎各爭雄。若解相呑歸一處，神仙頃刻不勞功。嬰兒姹女齊齊出，卻被黃婆引入室。雲騰雨施片時間，不覺東方紅日出。」此採戰，即坎離水火龍虎交媾也。

⑧安有男女後天之身以補之者：「男女後天之身以補之」，即劉宋三峰御房採戰術，或嘉靖朝以少女月經為「先天丹鉛」的採補術。「安有」，疑問詞，「哪有啊」。「安有」兩字，對此類荒謬的採戰術，何其輕蔑焉。

如此者，是男子之身，皆屬陰，而採自身之陰，戰己身之女，不如兩男之陰陽對待，修身速也①。予及此，傳於武事，然不可以末技視。依然體育之學，修身之道，性命之功，聖神之境也。

【注釋】

①不如兩男之陰陽對待，修身速也：「兩男之陰陽對待」，即太極拳所特有的推手訓

練。可證其時，尚未有男女之間的推手訓練。「不如……修身速也」，是相對上文「採自身之陰，戰己身之女」的內丹修煉法而論者。推手訓練，較任何內丹修煉更為便捷高效。

二水按：兩人相對，四手相待，互相以粘黏連隨，去知覺陰陽之氣的消長變化，或主動或被動，不偏不倚，不將不迎地去處理其間勁力意氣的變化，克服頂匾丟抗之病，對世事萬物的感知覺察能力，由粗入細，逐漸精爽，乃至神明。

這種修身方式，較之獨自「以一陽，採戰全體之陰女」，歷經周天七十二候，待一陽初生，沿著二十四椎，逆行而上，或羊車，或鹿車，或牛車，日夜不分，天機不動，過三關，經九轉的內丹修煉法，更為便捷與高效。

此論極具智慧地將推手（對待者數）與行拳走架（流行者氣），融合在盡性立命的修身之上（主宰者理），藉此以審視太極拳的核心價值之所在，才能真正理解下文：「予及此，傳於武事，然不可以末技視。依然體育之學，修身之道，性命之功，聖神之境也」，拳拳之忠，苦口婆心可鑒。

今夫兩男之對待採戰，於己身之採戰，其理不二。己身亦遇對待之數，則為採戰也，是為汞鉛①也。於人對戰，坎離之陰陽兌震，陽戰陰也，為之四正。乾坤之陰陽艮巽，陰採陽也，為之四隅。此八卦也，為之八門②。身足位列中土，進步之陽以戰之，退步之陰以採之，左顧之陽以採之，右盼之陰以戰之。此五行也，為之五步，共為八門五步也。

【注釋】

①汞鉛：「汞鉛」亦作「鉛汞」。白居易《同微之贈別郭虛舟煉師五十韻》：「專心在鉛汞，餘力工琴棋。」心屬火，離日為汞，腎屬水，坎月為鉛。內丹修煉，以鉛汞為藥，合戊己兩土成刀圭，降龍伏虎，以期坎離既濟。

②於人對戰，坎離之陰陽兌震，陽戰陰也，為之四正。乾坤之陰陽艮巽，陰採陽也，為之四隅。此八卦也，為之八門：此節文字，正隅卦象的陰陽採戰之間，因駢儷藻飾所需，以前後句互參其義。完整的表達方式為：與人對待之時，效法聖人，南面而立，前曰廣明謂之陽，後曰太沖謂之陰。坎掤至離位，兌擠至震位，乾挒至坤位，艮靠至巽位，陽戰陰也；離握至坎位，震按至兌位，坤肘至乾位，巽採至艮位，陰採陽也。而坎掤戰離握，兌擠至震按，離握採坎掤，震按採兌擠，以文王八卦方位論之，謂之四正；乾挒戰坤肘，艮靠戰巽

採，坤肘採乾挒，巽採採艮靠，謂之四隅。

坎北、離南、兌西、震東、巽東南、乾西北、坤西南、艮東北，文王之易，易之氣也，流行不已也，與掤南、擺北、擠東、按西、採西北、挒東南、拼東北、擠西南八法，在卦象方位作一上一下之相綜，其氣運必流行而不已，其象數必對待而不移也，陰陽之氣，剛柔相摩，一如男女之氣息，相與摩蕩，相與採戰。在易謂之八卦，在拳謂之八門。

夫如是，予授之爾，終身用之不能盡之①矣。又至予得武繼武，必當以武事傳之而修身也。修身入首②，無論武事文為，成功一也。三教三乘之原，不出一太極。願後學，以易理格致於身中③，留於後世也可。

【注釋】

①之：家藏本作「者」。

②入首：此本與家藏本皆如是，或「入手」之誤。

③以易理格致於身中：格致者，「格物致知」的略語。《禮記・大學》：「致知在格

物，物格而後知至。」太極拳是用《易經》的道理，用身體的知覺運動，去格物致知，去盡其心，去知其性，去窮其理，去立其命者也。

此論與《太極功源流支派論》：「太極者，非純功於《易經》，不能得也。《易經》一書，必須朝夕悟在心內，必須朝夕會在身中」一脈相承。

張三丰以武事得道論

蓋未有天地，先有理。理為氣之陰陽主宰。主宰理以有天地，道在其中①。陰陽氣道之流行，則為對待。對待者，陰陽也，數也②。

【注釋】

①蓋未有天地……道在其中：此節辭意，一一皆可從朱熹論著中找到出典。《朱子語類》卷一理氣云：「未有天地之先，畢竟也只是理。」「太極只是天地萬物之理。在天地言，則天地中有太極；在萬物言，則萬物中各有太極。未有天地之先，畢竟是先有此理。動

而生陽，亦只是理；靜而生陰，亦只是理。」

②陰陽氣道之流行……數也：此節語出來知德經典的易學理論：「有對待，其氣運必流行不已，有流行，其象數必對待而不移」「流行者氣，主宰者理，對待者數。」

一陰一陽之為道①。道無名，天地始。道有名，萬物母②。未有天地之前，無極也，無名也③。既有天地之後，有極也，有名也。

【注釋】

①一陰一陽之謂道：《易經》繫辭上曰：「一陰一陽之謂道，繼之者善也，成之者性也。仁者見之謂之仁，知者見之謂之知。」朱熹以為，有是理，後生是氣，也自「一陰一陽之謂道」句推來。張載則以為，氣，一陰一陽，才是最本原的範疇，「由氣化，有道之名」，道和理，統一於氣。戴東原承張載「氣」說，力駁朱熹「未有天地之先，畢竟也只是理」之論，仍為老莊釋佛異端之說。

②道無名，天地始。道有名，萬物母：語出老子《道德經》第一章：「道可道，非常

道。名可名，非常名。無名，天地之始。有名，萬物之母。」無名的「道」，在天地之始已經存在，有名的「理」，成了化育萬物之母。

此譜以老子的此論，為朱熹「未有天地之先，畢竟也只是理」作注腳，貌似在聲援朱熹之論，其實質是贊同了戴東原之論說。

③無極也，無名也：戴東原駁朱熹，是遠隔時空之爭，而鵝湖寺無極之爭，則是直面辯論。陸九韶認為，周濂溪「無極而太極」說，是在《易經》「易有太極，是生兩儀」上，「於上又加無極二字，是頭上安頭，過於虛無好高之論也」。「無極二字出老子」，一擊點中了朱熹「老佛異端之說」，此譜復以老子的「無極也」「無名也」，貌似聲援朱熹之論，其實質，依然是糾結在朱熹數度被擊中的穴位之上。

然前天地者，曰理。後天地者，曰母。是乃理化①先天陰陽氣數，母生後天胎卵濕化②。位天地，育萬育，道中和③，然也。故乾坤，為大父母，先天也。爹娘，為小父母，後天也。得陰陽先後天之氣，以降生身，則為人之初④也。夫人身之來者，得大父母之命性賦理，得小父母之精血形骸。合先後天之身命⑤，我得而成人也。以配天地為三才。安可失性之本哉。然能率性，則本不失⑥。既不失本來面目，又安可失身體之去處⑦哉。夫欲尋去處，先知來處。來有門，去有路，良有以也⑧。

【注釋】

①化：化育。先天地之理，化育陰陽氣數，萬物生息也。

②胎卵濕化：佛學所稱生命的四種孕育方式。釋慧遠《大乘義章》卷八云：「言四生者，謂胎卵濕化。言胎生者，如今人等，稟托精氣而受報者，名為胎生；言卵生者，如諸鳥等，依於卵殼而受形者，名為卵生；言濕生者，如今夏日濕生蟲等，不假父母，依濕受形，名為濕生；言化生者，如諸天等，無所依託，無而忽起，名曰化生。若無依託，云何得生，如《地論》釋，依業故生，生相如是。」釋佛四生「胎卵濕化」之「化」，儼然已是「前天地之理」，化育陰陽氣數的「化」了。

朱熹當年對老佛之徒，「異端之說，日新月盛」，「則彌近理，以至於而大亂眞矣」，雖極具預見力，但後世他的生徒，公然以老佛之論，詮釋他的理學正統，朱文公倘地下有知，作何感想焉？

③位天地，育萬育，道中和：語出《中庸》：「喜怒哀樂之未發，謂之中；發而皆中節，謂之和。中也者，天下之大本也，和也者，天下之達道也。致中和，天地位焉，萬物育焉。」

④人之初：以釋佛四生說，「如今人等，稟托精氣而受報者，名為胎生」，人是「稟托精氣」，依業而受報於母胎者。

《黃帝內經・靈樞・本神》則說：「天之在我者，德也，地之在我者，氣也。德流氣薄而生者也。故生之來，謂之精；兩精相搏，謂之神；隨神往來者，謂之魂；並精而出入者，謂之魄。」

《黃帝內經・靈樞・決氣》又云：「兩神相搏，合而成形，常先身生，是謂精。」

⑤合先後天之身命：爹媽，小父母之精血形骸，謂之身。天地乾坤，大父母之命性賦理，謂之命。

⑥本不失：《黃帝內經・靈樞・本神》云：「天之在我者，德也，地之在我者，氣也。德流氣薄而生者也。」「天」「地」之「德流氣薄」，配以「人」之「性」，人的「命」倘若是一顆種子，「性」，便是蘊含於木質內的紋理。

「大父母之命性賦理」者，命賦，性理也。樹木的紋理，在斂華就實，時物畢成，至

「畢入於戌」之時，日後的紋理，業已在「前樹木之先」，「畢竟是先有此理」，這便是朱熹所謂「未有天地之先，畢竟是先有此理」也。「天命之謂性，率性之謂道」，「率性」二字，道盡「本不失」之要旨。

⑦身體之去處：人人都懼怕死亡，幾乎所有宗教，都是以衆生得離死亡的巨大威脅為感召。即便是「不打妄語」的佛教，原本宣導不垢不淨、不生不滅的「涅槃」，之後也以「西方極樂」來感召深受「生老病死」之苦的衆生。而傳統文化非常智慧地以「死而不朽」來解生死之困結。

前文「張三豐承留」之「願至戌畢字」之時，生命之樹結了果實，聚精會神，性命合一，收魂斂魄之後，「精氣神」這個人格軟體壓縮包，上傳到了雲端，當「身」這台電腦硬體徹底壞了，軀體腐朽之後，新的電腦硬體能夠因緣際會，再從雲端下載那顆不朽的「心」。「種子」，上傳於雲端的人格軟體壓縮包，就會以一種新的生命體形式得以延續。此「死而不朽」之理也，此《易經》「天地之大德曰生」「生生之謂易」之眞諦也。

⑧良有以也：良，甚也，以，憑據，因由也。此譜此節非常智慧地直面了人之生死：想尋找人死後究竟去了哪裡，那得先知道您從哪裡來的。既然知道您是從哪扇門進來的，自然也就知道得從哪扇門出去。世事萬物，原本就是這種原委啊。

然有何以之。以之固有之知能，無論知愚賢否，固有知能，皆可以之進道。既能修道，可知來處之源，必能去處之委。來源去委既知，能必明身不修。故曰：自天子至於庶人，壹是皆以修身為本①。

夫修身，以何以之。良知良能，視目聽耳，曰聰曰②明，手舞足蹈，乃武乃文，致知格物，意誠心正③。心為一身之主，正意誠心。以足蹈五行，手舞八卦。手足為之四象，用之殊途，良能還原。目視三合，耳聽六道，目耳亦是四形體之一表，良知歸本④。耳目手足，分而為二，皆為兩儀，合之為一，共為太極。此由外斂入之於內，亦自內發出之於外也。能如是，表裏精粗無不到⑤，豁然貫通，希賢希聖之功，自臻於曰睿曰智，乃聖乃神。所謂盡性立命，窮神達化在茲矣⑥。然天道人道，一誠而已矣⑦。

鈐蓋「吳鑒泉章」「吳公藻」「黎鐸之印」「黎鐸」四方印章。

封底裡　鈐蓋太極陰陽魚方形章，及「吳公藻印」圓形章

【注釋】

①壹是皆以修身為本：壹是，一概也。家藏本作「一是」。《禮記・大學》云：「自天子以至於庶人，壹是皆以修身為本。」

②日：此本與家藏本皆如是，蓋「曰」之傳抄誤。

③致知格物，意誠心正：《禮記・大學》云：「欲修其身者，先正其心；欲正其心者，先誠其意；欲誠其意者，先致其知，致知在格物。」朱熹注云「致，推極也。知，猶識也。推極吾之知識，欲其所知無不盡也。」

王陽明以為，「致」即行，進而將「致良知」演進為「知行合一」。上譜中句「良知良能，視目聽耳，曰聰曰明，手舞足蹈，乃武乃文」，顯然是為陽明先生的「致良知」找到了太極拳中視目聽耳、手舞足蹈的注腳。

④用之殊途……良知歸本：徐幹《中論》夭壽云：「且夫賢人之道者，同歸而殊途，一致而百慮。」《禮記・大學》的「格物致知，意誠心正」是儒學者反求諸己的內修，是「齊家、治國、平天下」之內功保障。陽明先生以為，反求諸己的內功內修，不只是十年寒窗，兩耳不聞窗外事的知識積累，而是「知行合一」的「致良知」。

此譜將陽明先生的「知行合一」，契合於一己之身心，將太極拳演進為「視目聽耳」的「良知歸本」，「手舞足蹈」的「良能還原」，進而達到修煉者自我人格的曰聰曰明、允文允武，「耳目手足，分而為二，皆為兩儀，合之為一，共為太極」，為「太極拳」之名找到了準確的「定義」界說。梁啓超《中國學術思想變遷之大勢》第三章云：「大抵西人之著述，必先就其主題立一界說，下一定義，然後循定義以縱說之，橫說之。」此拳譜的文論體系，顯然是受了西學東漸的影響。

⑤表裏精粗無不到：《朱子語類》卷第十六：「理固自有表裏精粗，人見得亦自有高低淺深。有人只理會得下面許多，都不見得上面一截，這喚做知得表，知得粗。又有人合下便看得大體，都不就中間細下工夫，這喚做知得裡，知得精。二者都是偏，故大學必欲格物、致知。到物格、知至，則表裏精粗無不盡」「有一種人只就皮殼上做工夫，卻於理之所以然者全無是處。又有一種人思慮向裏去，又嫌眼前道理粗，於事物上都不理會。此乃談玄說妙之病，其流必入於異端。」朱熹此節文辭講透了「格物致知」之要，也足為學練太極拳者作鑒戒。

⑥豁然貫通……在茲矣：總結太極拳作為自我人格修煉，在「豁然貫通」之後，所能逐一進階的「希賢希聖」「曰睿曰智」「乃聖乃神」「盡性立命」「窮神達化」的功效，絕非

僅僅只是武技之末技，也絕非只是健身之體操，更絕非只是老年人摸魚切瓜的遊戲。

⑦然天道人道，一誠而已矣：南山嘉定七年狀元袁甫《蒙齋中庸講義》云：「所謂贊化育之事也，天地不出吾性，分之內非別有，所謂參天地之妙也，一誠而已矣。其次致曲，曲能有誠，人之生也直，安有所謂曲哉，曰有直必有曲，無曲是無誠也，惟曲乃能有誠也。」

二水按：此譜以「一誠」作結語，與前文「太極懂勁解」的「曲誠之妙」相呼應，旨在高蹈儒學《中庸》的盡性立命學說。性命之學，有「自誠明」與「自明誠」兩途：自誠明者，率性之謂道。而自明誠者，則需要格物致知，曲盡其理。作為性命之學的太極拳，透過行拳走架，與人推手，曲盡陰陽對待之理，知覺運動，致使良知良能歸本還原，此乃曲誠之妙者也。

附錄

《太極拳手冊》中楊健侯贈貽田兆麟拳譜

【注釋】

此譜摘錄自一九五三年七月一日由田兆麟老師學生何孔嘉彙編成集的《太極拳手冊》。金仁霖老師將該本所錄拳譜與他本楊氏老譜相關內容，一一作對照摘錄，斷論此譜係楊氏老拳譜。此譜文字雖多舛誤，而文思簡潔，義理清晰，遣詞用典，一一皆有著落，且語氣親和，面目可人。此本無「三十二目」之數，亦無「張三豐承留」文，體系也不及《太極法說》等本完備。

另外，此本有《太極功源流支派論》之拳理原道內容，而無緒敘源流支派文辭。少了些許神秘，多了幾分義理，或可視作《太極法說》等成稿之前的稿本，對於研討拳譜的演進發展，實為不可多得的珍貴文獻。

文字舛誤處，金師均已一一校正。中括弧〔〕內的文字，係原文所固有。圓括號（）內的文字，係金師校正的文字。部分標點符號，二水在打字時，有所改動。其餘一概保持原譜之風貌。

(1) 八門五步

方位八門，乃陰陽顛倒之理，週而復始，隨其所行也。八門者，四正四隅也。四正為掤擺擠按，四隅乃採挒捌靠。合正隅之手，得門位之封（卦），以身分步，則生五行，以支撐八面。五行者，進步（火），退步（水），左顧（木），右盼（金），中定（土）是也。以中定為樞軸，懷藏八卦，腳踏五行，名之曰八門五步。

(2)粘黏連隨

粘者，提上拔高之謂也。黏者，留戀繾綣之謂也。連者，捨己無離之謂也。隨者，此動彼應（彼動此應）之謂也。學者欲求懂勁，當於此四字三注意焉。

(3)頂偏（匾）丟抗

頂者，出頭之謂也。偏（匾）者，不及之謂也。丟者，離開之謂也。抗者，太過之謂也。初學者，每犯此四字之病，必於推手之時，密密覺察，隨時改去；改之既盡，方能達感覺靈敏，粘黏連隨之域。

(4)太極圈

退圈容易進圈難，不離腰腿（頂）後與前。所難中土不離位，退易進難仔細研。此為動功非站定，倚身進退並比肩。能如水磨摧急緩，雲龍風虎象周旋。要用天盤從此覓，久而久之出天然。

(5) 對待用功法守中正

欲求懂勁，須習對待，（即推手）。推手分掤擺擠按四手，學者必於此四手，用不動步推法，苦下工夫，須練至腰腿皆可粘黏連隨，身形和順，伸舒自如，無絲毫拙力，隨感隨應，方可謂基本之功足。

(6) 太極進退不已功

掤進擺退自然理，陰陽水火相既濟。先知四手得其真，採挒肘靠方可許。四隅從此演出來，十三勢架永無已。所以因之名長拳，任君開展與收斂。千萬不可離太極，對待於人出自然。由茲往返於地天，但求捨己無彌病。上下進退永連綿。

(7)太極體用解

理為精氣神之體，精氣神為身之體。身為心之用，勁（力）為身之用。心身有一定之主宰者，理也；精氣神有一定之主宰者，意誠也。誠者，天道；誠之者，人道。俱不外意念須臾之間。

要知天人同體之理，自得日月流行之氣。其氣意之流行，精神自隱於（微乎）理也（矣）。夫而後言，乃武，乃文，乃聖，乃神，則得矣。特借後天之武事，論之於身心，用之於勁力，仍歸於道之本也。勁由於筋，力由於骨。如以持物論之，有（力）者能持數百斤，是骨節皮毛之外操也，故有硬力。

太極拳之內勁則不然。以之持物，或不數斤，蓋精氣內壯也。若功成之後，較硬力不知妙出若干倍也。

(8) 太極文武解

文者，體也；武者，用也。文功在武，用於精氣神也，為之體育；武功得文，體於心身也，為之武事。夫文武又有火候之謂。在放捲得其時中，體育之本也。文武使於對敵（待）之際，在蓄發適當其可，武事之根也。有文無武，謂之有體無用；武而無文，謂之有用無體。文者，內理也；武者，外數也。有外數無文理，必為勇（血）氣之勇，有失本（來）面目，欺敵取敗也；有文理無外數，徒思安靜之學，未知用的採戰，差微則亡矣。

(9) 太極懂勁解

自己懂勁，接及神明，為之文成。而反（後）採戰。身中之陰，七十有二，無時不然。陽得其陰，水火既濟，乾坤交媾，性命葆真矣。於人懂勁，視聽之際，遇而變化，不著思慮形相，而來往咸宜，自得曲誠之妙。

⑽八五十三勢長拳解

自己用功，一勢一式，用成之後，合（之）為長拳，滔滔不斷，週而復始，所以名為長拳也。萬不得有一定之架子，恐日久入於油滑也，又恐入於硬拳也，決不可失其綿軟。周身往復，精神意氣之本。用久自然貫通，無往不至，何堅不摧也。

於人對敵（待），四手當先，亦是（自）八門五步而來。站步四手，碾磨四手，進退四手，天地人三才四手，由下乘長拳四手起，大開大展，練（煉）至緊湊屈伸自由之功，則入上中乘之境矣。

⑾太極分文武三成解

蓋言道者，非自修身，無由得也。然又分為（三）乘修法。乘者，成也。上乘即大成也，下乘（即）小成也，中乘即誠之者成也。法雖三，其成功一也。

文修於內，武修於外。體育內也，武事外也。修者，內外表裡成功集大成者，上乘也；由體育之文，而得武事之武，或由武而得文，中乘也；若惟知體育而成，或專由武事而成者，即下乘也。

⑿太極下乘武事解

太極之武，外操柔軟，內含堅剛。練習之久，自得內之堅剛，然非有意堅剛，實自然增長之內勁也。所難者，內含堅剛，而（不）施於外。即迎敵之時，也以柔軟而應堅剛，使堅剛盡化無存。然此步功夫，何等深玄。要非粘黏連隨，已由懂勁達神明之域者，不能輕靈玄妙，收四兩撥千斤之功若是也。

⒀太極正功解

太極者，元（圓）也。無論內外上下左右，不離此元（圓）也。太極者，方也。無論內外上下左右，不離此方也。元（圓）之出入，方之進退，隨方就元（圓）之往來也。方為開展，元（圓）為緊湊。方元（圓）規矩之至，熟（孰）能出此外哉。如此得心應手，仰高鑽堅，神乎其神，見隱顯微，的的思的，生生不已，欲罷不能。

⒁太極輕重浮沈（沉，下同）解

雙重為病，在於填實，與沈不同也；雙沈不為病，因其活潑能變，與重不等也。雙浮為病，在於漂渺，與輕不同也；雙輕不為病，因其天然輕靈，與浮不等也。半輕半重不為病，偏輕（偏）重為半（病）者，半有着落也。偏者，偏無着落也。所以為病。偏無着落，必失方元（圓）；半有着落，豈出方元（圓）；半浮半沈為病，失於不及也；偏浮偏沈，失於太過也；半重偏（重），滯而不正也；半輕偏輕，靈而不元（圓）也；半沈偏沈，虛而不正也；半浮偏浮，茫而不元（圓）也。夫雙輕不進於浮，則為輕靈；雙沈不進於重，則為離虛。故曰，上手輕重，半有着落，則為平手，除此三者（之）外皆為病手。蓋內之虛靈，不昧能勇（致）於外，氣之清明，流（行）乎肢體也，若不窮研輕重浮沈之手，徒勞掘井不及泉之歎耳。然有方元（圓）四正之手，表圓而方，超乎象外，得其寰中之上手也。

⒂太極四隅解

四正，即四方也，所謂掤攦擠按也。四隅，即四角也，所謂採挒肘靠也。學者若不知方極而元（圓），元（圓）極而方，方元（圓）循環，陰陽變化之理，焉能出隅之手哉。

蓋吾人外而肢體，內而神氣，均貴輕靈活潑，乃能極四正方元（圓）之功。然或有於四正之手，犯輕重浮沈之病者，則有隅手出矣，譬為半重偏重。

⒃ 太極平正（準）腰頂解

頂如準，故至（曰）頂頭懸也。二手，即平左右之盤也。腰即平之根株也。若平準稍有分毫之輕重浮沈，則偏顯然矣。故習太極拳者，須立身中正，有如平準。使頂懸腰鬆，尾閭中正，上下如一線貫串。轉變全憑二平，分毫尺寸，須自己細辨。默識揣摩，容（融）會於心，迨至精熟，自能隨感斯應，無往不宜也。車輪二，命門一，纛搖又轉，心令氣旗，使自然，隨我便。滿身輕利者，金剛羅漢煉。對待有往來，是早或是晚。合則發放去，有如凌霄箭。滋養有多少，一氣哈而遠。口授須秘傳，開門見中天。

⒄ 太極尺寸分毫解

功夫先煉（練）開展，後煉（練）緊湊。緊湊之後，再求尺寸分毫。由尺而寸而分而毫。蓋慎密之至，不動而變也。

⒅太極膜脈筋血（穴）解

節膜、拿脈、抓筋、閉穴，此四功，尺寸分毫得之，而後求之。絡（膜）若節之，血不周流；脈若拿之，氣難行走；筋若抓之，身無主地；穴若閉之，神氣皆無。暗抓絡節至半死，伸脈拿之似亡軍，筋抓之勁斷，死穴閉之無生。氣血精神若無，身何有主哉。若欲能節拿抓閉之功，非得真傳不可。

⒆太極字二解

挫（柔）揉捶打，〔於己於人〕，按摩推拿，〔於己於人〕，開合升降，〔於己於人〕，此十二字（習）皆用手也。

屈伸動靜，〔於己於人〕，起落急緩，〔於己於人〕，閃（閃還）撩了，〔於己於人〕，此十二字於己氣也，於人手也。

轉換進退，〔於己身也，於人步也〕，顧盼前後，〔（於）己目也，

（於）人手也」，即瞻前眇後、左顧右盼，此八字，關乎神者也。

斷接俯仰，此四字關乎意勁也。（斷）接關乎神氣，俯仰關（乎）手足也。

勁斷意不斷，意斷神可接。勁意神俱斷，則俯仰矣。因手足無著也，俯為一叩，仰為一反，不使叩反，非斷而（復）接不可。對待之時，俯仰最當留意，時時在心，手足不使斷接之能，非見隱顯微不可。隱微如斷而未斷，見隱如接而未接。接接斷斷，斷斷接接，其心意身體神氣，極於隱顯，又何患不粘黏連隨哉。

⒇太極節拿抓閉尺寸分毫辨

對待之功，既得尺寸分毫於手，則可量之矣。然不論節拿抓閉之手易，若節絡（膜）拿脈、抓筋閉血（穴）則難。非自尺寸分毫量之，不可得也。節不量，由按而得。拿不量，由摩而得。抓不量，由推而得。拿閉非量而不能得穴，由尺盈而縮之寸分毫也。此四者，無（雖）有高傳，然非自己功夫久者，無論（能）貫通矣（焉）。

⑵1 太極補助（瀉）氣力解

補瀉氣者（力）於自己難，補瀉氣力於人亦難。補自己者，知覺功則補運動功，過則瀉，所以求諸己不易也。補於人者，氣過則補之，力過則瀉之，此勝彼則所由然也。氣過或瀉，力過或補，其理雖亦然，其有詳夫過補為之，過上加過，遇瀉為之，緩他不及他，必更過，仍加過也。補氣瀉力於人之法，均為加過於人矣。補氣名曰結氣法，瀉力名曰空力法。

⑵2 懂勁先後論

未懂勁之先，易犯頂匾丟抗之病，既懂之後，又恐（犯）斷結（接）俯仰之病。然未懂故犯病，既懂何又犯病？

蓋後者在似懂未懂兩可之間，斷接無準，則視聽未正確，尚未達真懂勁之境焉。何為真懂？知瞻眇顏盼之視，起落緩急之聽，（閃還撩了之運，轉換）進退之動，斯為真懂勁。乃能屈伸動靜之妙，開合升降之巧。見入則開，遇出則合；看來則（降），去就（就去）則升。而達神明之域。既明矣，則往後行（坐）住臥、一動一靜，均須謹慎在意，蓋無往而非功夫矣。

㉓尺寸分毫在懂勁後論

凡未懂勁，先求尺寸分毫，為之小功，不過末技武事而已。所謂能尺於人者，非先懂勁也。如懂勁後，神而明之，自然能量尺寸分毫也。能量然後能節拿抓閉矣。

又必詳知膜（絡）脈筋血（穴）之理，存亡之手，生死之穴。而點穴之要，又在於閉之一字也。

㉔太極指掌捶手解

自指之下，腕上實者如（為）掌，五指之首為手，五指皆為指，五指組籠為捶。

言其用處，按，推掌也；拿揉抓閉，俱用知（衍文）指也；挫，摩手也；打，捶也。捶有搬攔、指襠、肘底、搬（撇）身、覆捶。掌有摟膝、換轉、單鞭、通背、串掌。手有雲手、提手、合手、十字手、反手。指有屈指、伸指、捏指、閉指、量指。量指又名尺寸指，又名覓穴指。指有五，各有（其）用。首指為手仍為指，故又名為手指。其（一），用之為施（旋）指、施（旋）指手；其二，用之為根，指根手；其三，用之為弓，指弓手；其四，用之為中合手指。四手指之外為獨指、獨指手也。食指為下指，為劍指，為佐指，為沾指。中正（指）為心指，為合指，為鉤指，為抹指。無名指為全指，為環指，為代指，為扣指。小指為幫指，為補指，為媚指，為掛指。若此之名，知之易而用之難，得口訣秘法，亦不易為也。

其次有對掌、有推小（山）掌、射雁掌、掠（晾）翅掌、似（閉）指、拗步指，灣（彎）弓指、穿梭指、探馬手、灣（彎）弓手、抱虎手、玉女手、胯（跨）虎手、通山捶、葉（腋）下捶、背反捶、勢分捶、卷挫捶。

再其次，步隨身換，不出五行，則無失錯矣！因其粘連黏隨之理，捨己從人，身隨步轉。只要無（五）行（之）舛錯，身形腳勢出於自然，又何慮些些（須）之病也。

㉕口授張三半（豐）老師之言

予知之數（三教）歸一之理，皆性命之學也，皆以心為一身之主也。人之身有精氣神，才能文思安安，武借（備）動動。安安動動，乃文乃武。大而化之者，聖神也。先覺者，得其寰中，超乎象外矣。後學者，以效先覺之所知能，蓋其知能雖人因（固）有之，然以迷故，以漸消失，非效先賢，不可

（復）也。夫人之知能，天然文武。目視耳聽，天然文也。手舞足蹈，天然武也。前輩大成文武聖神，授人以體育修身之道，而不以武事修身傳也。至予得手舞足蹈之採戰。惜陰補陽，身之陽男也，身之陰女也，然皆備於一身，非如邪道之以男女後天色身為採補也。

予之傳斯武事，即本此意，借假修真，以求進於了性保命之境。非徒作技擊之末也。然即施之於技擊，亦與己身之採戰之理相同。蓋己身遇對待之數，則為採戰也。是即汞鉛，於人對戰，坎離兌震，陽戰陰也，為之四正；乾坤艮巽，陰採陽也，為之四隅。此八卦也，為之八門。身足位列中土，進步之陽以戰之，退步之陰以採之，左顧之陽以採之，右盼之陰以戰之，此五門者，為之五步。共為八門五步也。夫修身入手，無論文武，及成功一也，之（三）教、之（三）乘、之（三）原，不出太極，願後學以易理格致於身中，留於後世亦可。

㉖張三丰（豐）以武到（事）得道論

夫人身之成，由得先天之性命，後天之精血形骸。然人既墜塵也，為七情六欲所迷，本性自失，故賢者欲求復本，不得不加修練（煉），修練（煉）之道，或由文，或由武。練太極，即由武入也，由命而返性，由假而返真，故足蹈五行，手舞八卦，皆先天地之理也。迨夫日久功深，自能內外合一，盡性立命，然其要在一誠字，蓋意誠心正，乃能致知格物，而歸先天大道也。

太極拳眞義

無形無象，〔忘其有己〕，全身透空，〔內外為一〕，症（應）物自然，〔隨心所欲〕，西山懸罄，〔海闊天空〕，虎吼猿鳴，〔鍛鍊陰精〕，泉清水靜，〔心死神活〕，翻江鬧海，〔元氣流動〕，盡性立命，〔神定氣足〕。

八字歌

掤攦擠按世界（間）奇，十個藝人九不知，若能輕靈並堅硬，粘黏連隨俱無疑。採挒掛靠更出奇，行之不用費心思，果能輕靈並堅硬，得之環中不支離。

心會歌

腰脊為第一之主宰，喉口（頭）為第二之主宰，心地為第三之主宰；丹田為第一之主宰（賓輔），指掌為第二之主宰（賓輔），足掌為第三之主宰（賓輔）。

周身大用論

一要心性（定）與意靜，自然無處不輕靈。二要遍體氣流行，一定繼續不能停。三要喉頭永不拋，問盡天下眾英豪。如詢大道因何得，表裡精細無不到。

十六關要論

發（旋）之於足，行之於腿，縱之於膝，活潑於腰，靈通於背，神貫於頂，流行於氣，運之於掌，通之於指，斂之於髓，達之於神，凝之於耳，息之於鼻，呼吸於胸，往來於口，渾噩於身，全體發之於毛。

功用解

輕靈活潑求懂勁，陰陽相濟無滯病，若得四兩撥千斤，開合鼓蕩主中定。

用功五

博學，是多功夫。

審問，非口問，是聽勁。
慎思，時時想念。
明辨，生生不已。
篤行，如天行健。

（以下各節錄自田鎮峰編著《太極拳講義》一二～一四頁《對於拳術領會的幾點貢獻於讀者》。原文出於萇乃周《武備參考》　金仁霖識）

非在不得已時，不與人交手。與人交手，先有奪人之氣。交手時，攔其手，謂之頭門；制其肘，謂之二門；截其膀根，謂之三門。每一出手，應先制其膀根，是謂登堂入室。停頓時，宜沉著加力，轉關處，宜活潑隨機。

練拳總以用功為主，力是自然之力，不可勉強加力。一身氣血周流，方能渾元一氣。

初學拳，切勿猛進，戒求速，忌用力。術語云，無力努力傷血，不速求速傷氣。血氣二傷，則必危機肇臨，有力何有施哉。

練時切記存神上田，（大腦），納氣下田，（臍下），先使用腦力，然後方能收斂。太極拳與他種拳術不同之處，即在於練時之存神納氣，其形式即與其他拳術，無甚分別。若徒呆練而不加以研究，則結果祗平凡之人而已。

（此譜請大密先生向田兆麟先生處要來，所錄拳譜係楊氏老譜，字句稍有舛誤，已為校正。復手抄一本，以為他日與新譜合刊之用。五四年一月三十日　金仁霖識）

歡迎至本公司購買書籍

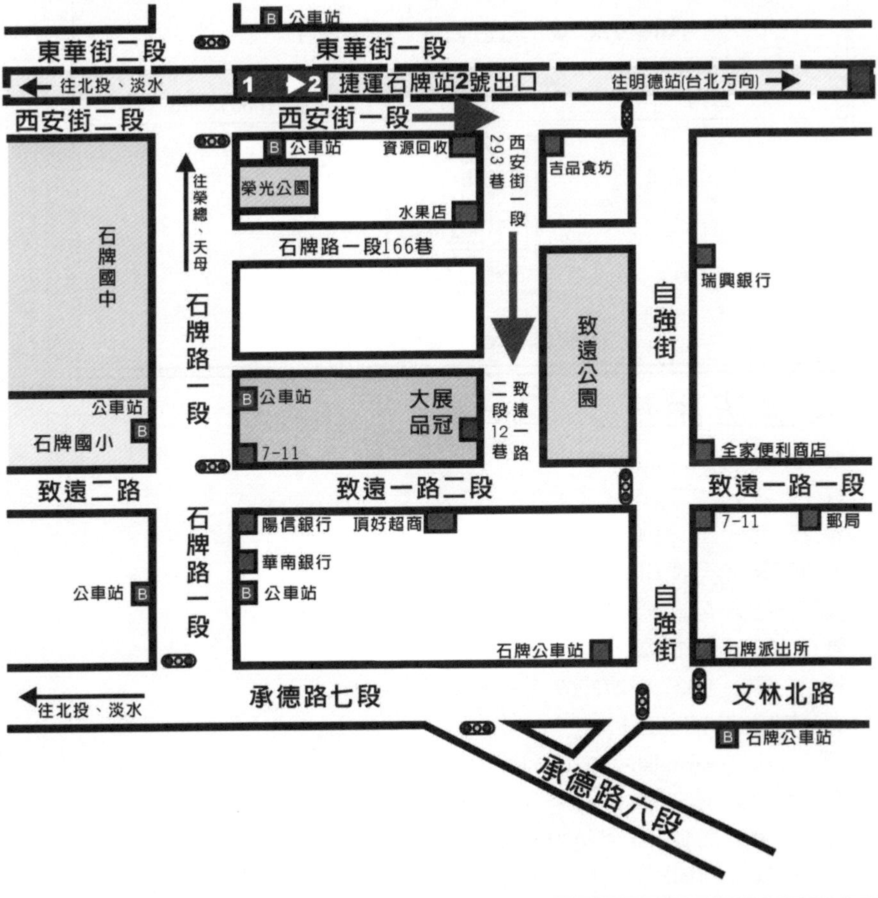

建議路線

1.搭乘捷運・公車

淡水線石牌站下車，由石牌捷運站２號出口出站(出站後靠右邊)，沿著捷運高架往台北方向走(往明德站方向)，其街名為西安街，約走100公尺(勿超過紅綠燈)，由西安街一段293巷進來(巷口有一公車站牌，站名為自強街口)，本公司位於致遠公園對面。搭公車者請於石牌站(石牌派出所)下車，走進自強街，遇致遠路口左轉，右手邊第一條巷子即為本社位置。

2.自行開車或騎車

由承德路接石牌路，看到陽信銀行右轉，此條即為致遠一路二段，在遇到自強街(紅綠燈)前的巷子(致遠公園)左轉，即可看到本公司招牌。

國家圖書館出版品預行編目資料

太極法說 ／ 二水居士 校注
——初版，——臺北市，大展，2017〔民106.12〕
面；21公分 ——（武學古籍新注；3）
ISBN 978-986-346-188-3（平裝）
1. 太極拳
528.972　　106018396

太極法說 俗稱「三十二目」

校注者／二水居士
責任編輯／王躍平
發行人／蔡森明
出版者／大展出版社有限公司
社　址／台北市北投區（石牌）致遠一路2段12巷1號
電　話／（02）28236031 · 28236033 · 28233123
傳　眞／（02）28272069
郵政劃撥／01669551
網　址／www.dah-jaan.com.tw
E-mail ／service@dah-jaan.com.tw
登記證／局版臺業字第2171號
承印者／傳興印刷有限公司
裝　訂／眾友企業公司
排版者／弘益電腦排版有限公司
授權者／北京科學技術出版社
初版1刷／2017年（民106）12月

定價／350元

大展好書　好書大展
品嘗好書　冠群可期

大展好書　好書大展
品嘗好書　冠群可期